SO NUTZEN SIE DIESES THEMENHEFT

Der Kontinent Asien

Asien ist der größte und wohl vielfältigste Kontinent der Erde. Mit seinem Rohstoffreichtum und seiner zunehmenden wirtschaftlichen Entwicklung, nicht zuletzt im Tourismus, gewinnt Asien weltweit an Bedeutung. Vor allem Erdöl- und Erdgaslieferungen sowie hochwertige High-Tech-Produkte machen Asien auch für Europa zu einem wichtigen Handelspartner, aber auch zu einem ernstzunehmenden Konkurrenten.

Schon während der Kolonialzeit beeinflussten sich Europäer und Asiaten gegenseitig. Engländer, Niederländer und Franzosen beherrschten Teile Asiens und bauten Handelsbeziehungen auf. Auch Konflikte und Kriege nahmen Einfluss auf die politische Entwicklung einzelner Staaten. Auch heute gibt es auf dem asiatischen Kontinent Krisenherde, die oft weltweite Auswirkungen haben (ethnische Konflikte, Terrorismus, Besitz von Atomwaffen, Verletzung der Menschenrechte).

Asien ist ein Kontinent der Gegensätze. Auf der einen Seite stehen Industrieländer mit hochmoderner Technologie, Ölreichtum und schillernden Metropolen. Auf der anderen Seite finden sich Entwicklungs- oder Schwellenländer mit Armut, unverbauter Natur, traditionelle Religionen und Kulturen.

Auch geografisch und klimatisch ist Asien ein Erdteil der Extreme. Auf dem größten Kontinent finden sich dicht besiedelte Regionen, Wüsten, tropischer Regenwald, Dauerfrostzonen sowie das artenreichste Ökosystem auf der Erde.

Das Konzept

Für den Unterricht ergeben sich aus den genannten Besonderheiten zahlreiche interessante Aspekte. Neben allgemeinen Stationen zum Thema haben wir aus jedem der sechs Großräume Asiens (Zentralasien, Ostasien, Vorderasien, Nordasien, Südostasien, Südasien) einen Aspekt ausgewählt und näher betrachtet.

Dieses Themenheft ist so konzipiert, dass sich die Schüler eigenständig umfassendes Hintergrundwissen erarbeiten können. Spielerische Formen und unterschiedliche Sozialformen regen zum selbstständigen Handeln an. Dabei werden grundlegende Fähigkeiten geübt, z. B. der Umgang mit physischen und thematischen Karten, topografische Kenntnisse vermittelt sowie geschichtliche, kulturelle und ökologische Zusammenhänge verdeutlicht.

Wir erheben jedoch keinerlei Ansprüche auf Vollständigkeit, denn die Masse der Möglichkeiten und Informationen ist immens.

Die Organisation

Auf eine Nummerierung der Stationen haben wir bewusst verzichtet. Somit können Sie die Stationen individuell auf Ihre Klasse und Ihren Unterrichtsschwerpunkt abstimmen. Sollen nicht alle Stationen in einem Zirkel angeboten werden, können einzelne Aufgabenstellungen auch im Klassenunterricht erarbeitet werden. Längere Texte sollten mit leseungeübten Klassen vorab gemeinsam gelesen und eingeführt werden.

Es empfiehlt sich, das Thema im Klassenzimmer optisch präsent zu machen. Dafür eignen sich Karten, Plakate, Postkarten, Flaggen und Bücher zum Thema.

Motivierend ist es, eine „Asien-Seite der Woche" (oder des Tages) auszustellen. Dazu präsentiert die Lehrkraft oder ein Schüler eine Seite aus einem Buch (auf einer Buchstütze) oder einen Zeitungsartikel an einer Pinnwand. So bleibt das Interesse der Schüler über einen längeren Zeitraum erhalten.

Der Laufzettel

Sie können diese Vorlage für einen Laufzettel vergrößern oder einen eigenen erstellen.

HINWEISE UND MATERIALIEN ZU DEN STATIONEN

ASIENS REGIONEN UND LÄNDER

▧ Lies dir den Infokasten gut durch.

Info
Asien ist der Kontinent mit den meisten Ländern. Zur besseren Orientierung ist Asien in verschiedene Regionen aufgeteilt: ▷ Zentralasien   ▷ Nordasien   ▷ Ostasien   ▷ Südostasien   ▷ Südasien und   ▷ Vorderasien.   Jede Region umfasst mehrere Länder. Nur Nordasien besteht aus einem Land, nämlich Russland, dem größten Land der Welt.

▧ Schneide alle sechs Puzzleteile aus und lege sie zu einer Karte von Asien zusammen.

▧ Stimmt die Karte, klebst du die Puzzleteile auf eine Heftseite oder auf ein Blatt.

▧ Male die Puzzleteile in der richtigen Farbe mit Buntstiften aus. Jedes Puzzleteil steht dabei für einen asiatischen Großraum.
Zentralasien – Orange
Nordasien – Violett
Ostasien – Rot
Südostasien – Grün
Südasien – Rosa
Vorderasien – Gelb

▧ Bearbeite danach das Arbeitsblatt.

ASIENS REGIONEN UND LÄNDER – PUZZLETEILE 1

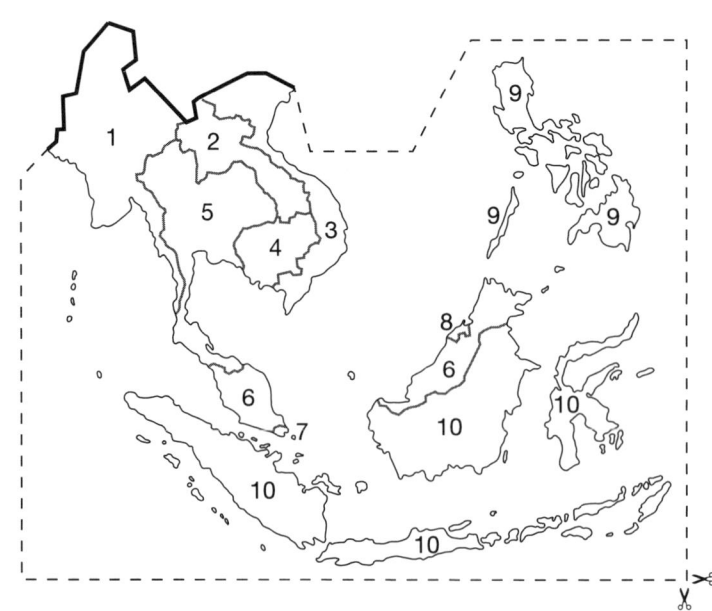

ASIENS REGIONEN UND LÄNDER – PUZZLETEILE 2

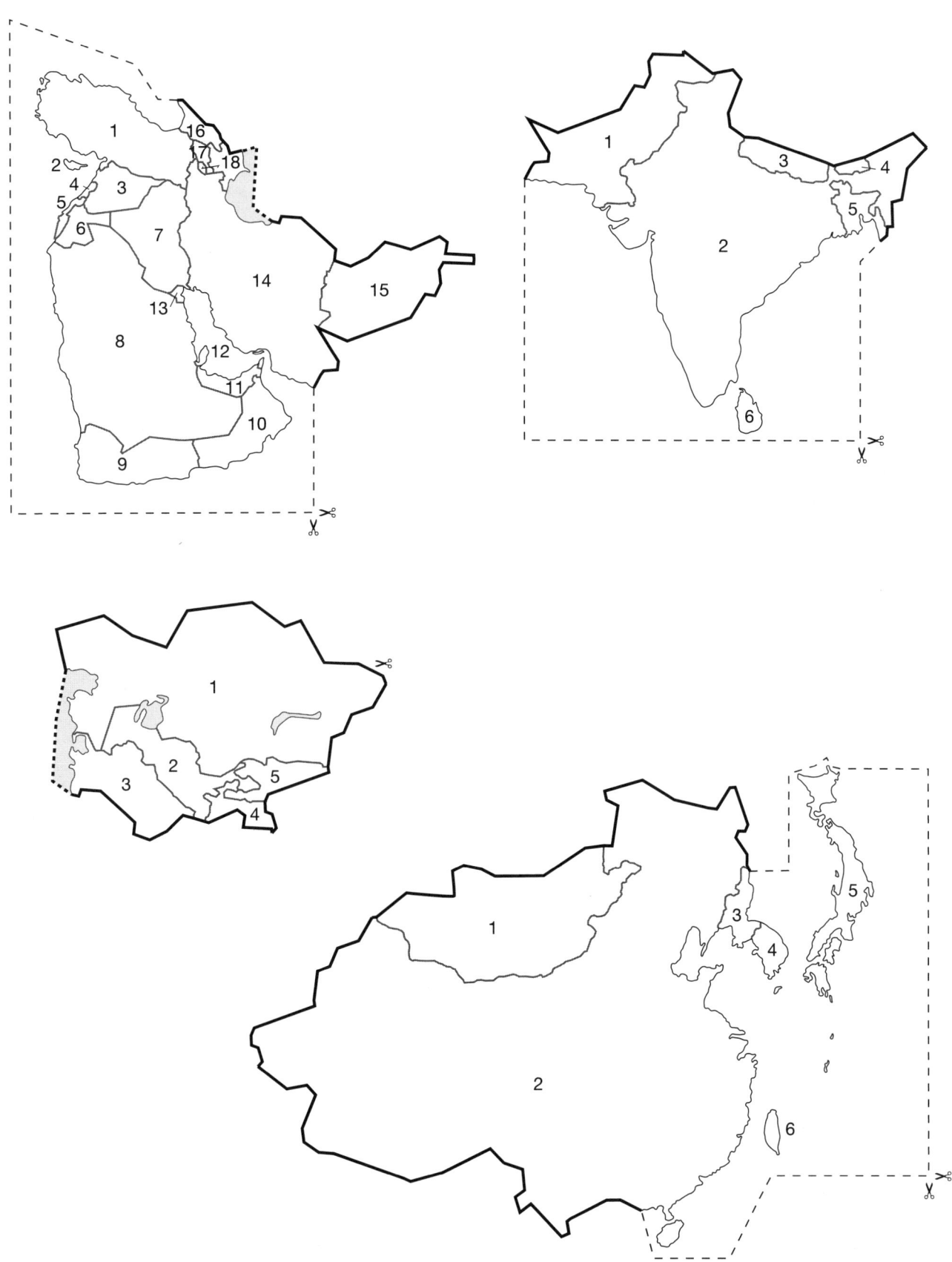

ASIENS REGIONEN UND LÄNDER – ARBEITSBLATT

▪ Nimm deine Asienkarte zur Hand. Für jedes Land steht eine Zahl.

▪ Trage die Namen der Länder in richtiger Reihenfolge ein. Male die Kästchen, in denen die Regionen stehen, in der richtigen Farbe an.

Zentralasien

1 _____

2 _____

3 _____

4 _____

5 _____

6 _____

Ostasien

1 _____

2 _____

3 _____

4 _____

5 _____

6 _____

Vorderasien

1 _____

2 _____

3 _____

4 _____

5 _____

6 _____

7 _____

8 _____

9 _____

10 _____

11 _____

12 _____

13 _____

14 _____

15 _____

16 _____

17 _____

18 _____

Südostasien

1 _____

2 _____

3 _____

4 _____

5 _____

6 _____

7 _____

8 _____

9 _____

10 _____

Südasien

1 _____

2 _____

3 _____

4 _____

5 _____

6 _____

7 _____

8 _____

9 _____

Nordasien

1 _____

ASIENS GEBIRGE, SEEN UND FLÜSSE

▧ Lies dir den Informationstext durch und trage die markierten Begriffe in die Karte auf Seite 8 ein.

▧ Trage nun in die Tabelle die wichtigsten Gebirge (1 bis 7) und Gewässer (A bis L) ein. Schlage dazu im Atlas nach.

▧ Male in der Karte die Landflächen gelb, die Wasserflächen blau und die Gebirge braun an.

Info

Asien ist der größte Kontinent der Erde. Er wird im Norden vom **Nordpolarmeer,** im Osten vom **Pazifischen Ozean** und im Süden vom **Indischen Ozean** begrenzt.

Im Westen wird die Grenze zu Europa von Nord nach Süd durch das **Uralgebirge,** den Fluss **Ural** sowie das **Kaspische Meer** gebildet. Von dort erstreckt sie sich weiter vom **Kaukasus** über die Südküste des **Schwarzen Meeres** bis zum **Bosporus.** Asien ist im Süden durch das Rote Meer von Afrika abgegrenzt.

Gebirge	Seen	Flüsse
① _____	1 _____	A _____
② _____	2 _____	B _____
③ _____	3 _____	C _____
④ _____	4 _____	D _____
⑤ _____		E _____
⑥ _____		F _____
⑦ _____		G _____
		H _____

ASIENS GEBIRGE, SEEN UND FLÜSSE

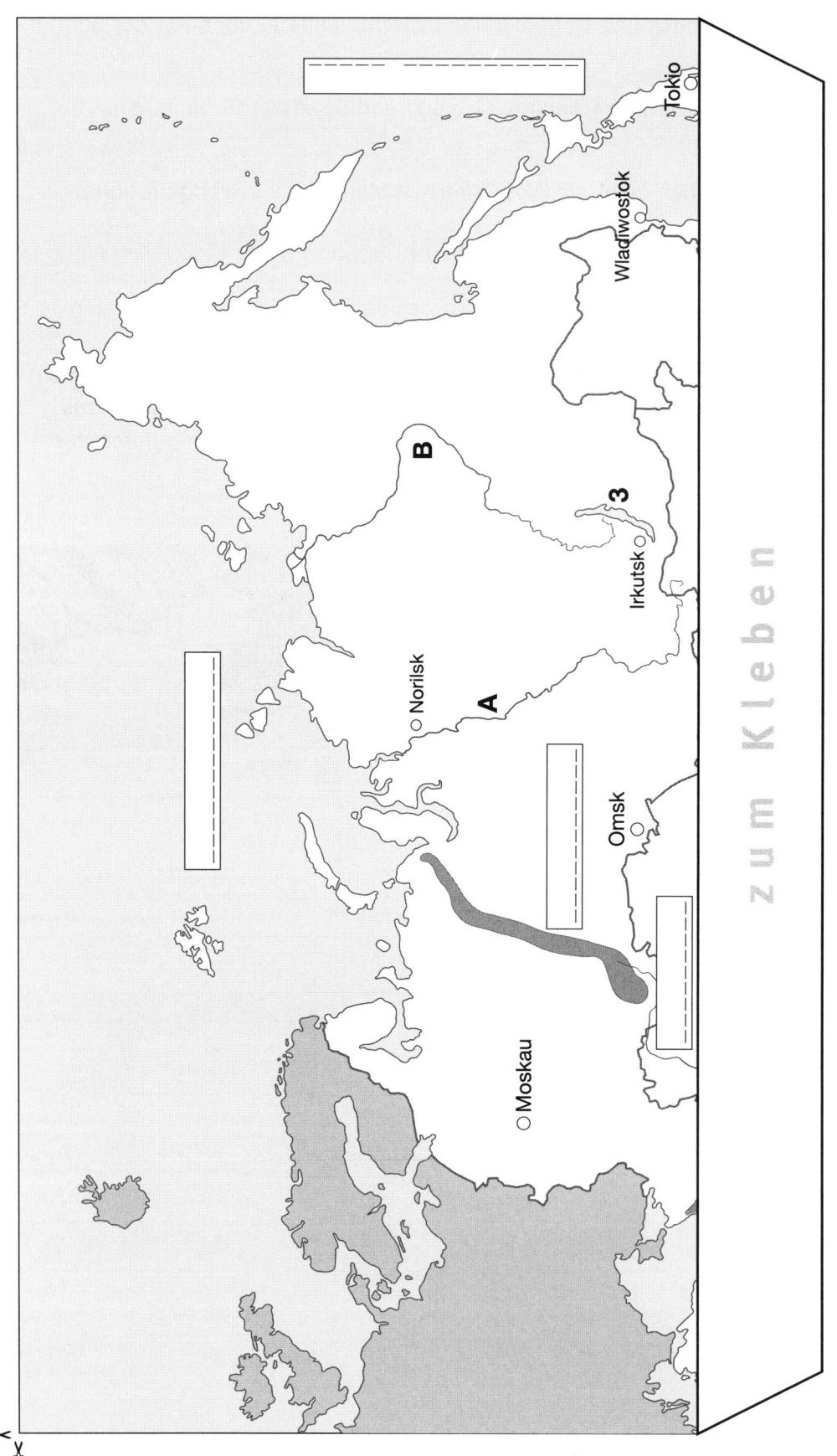

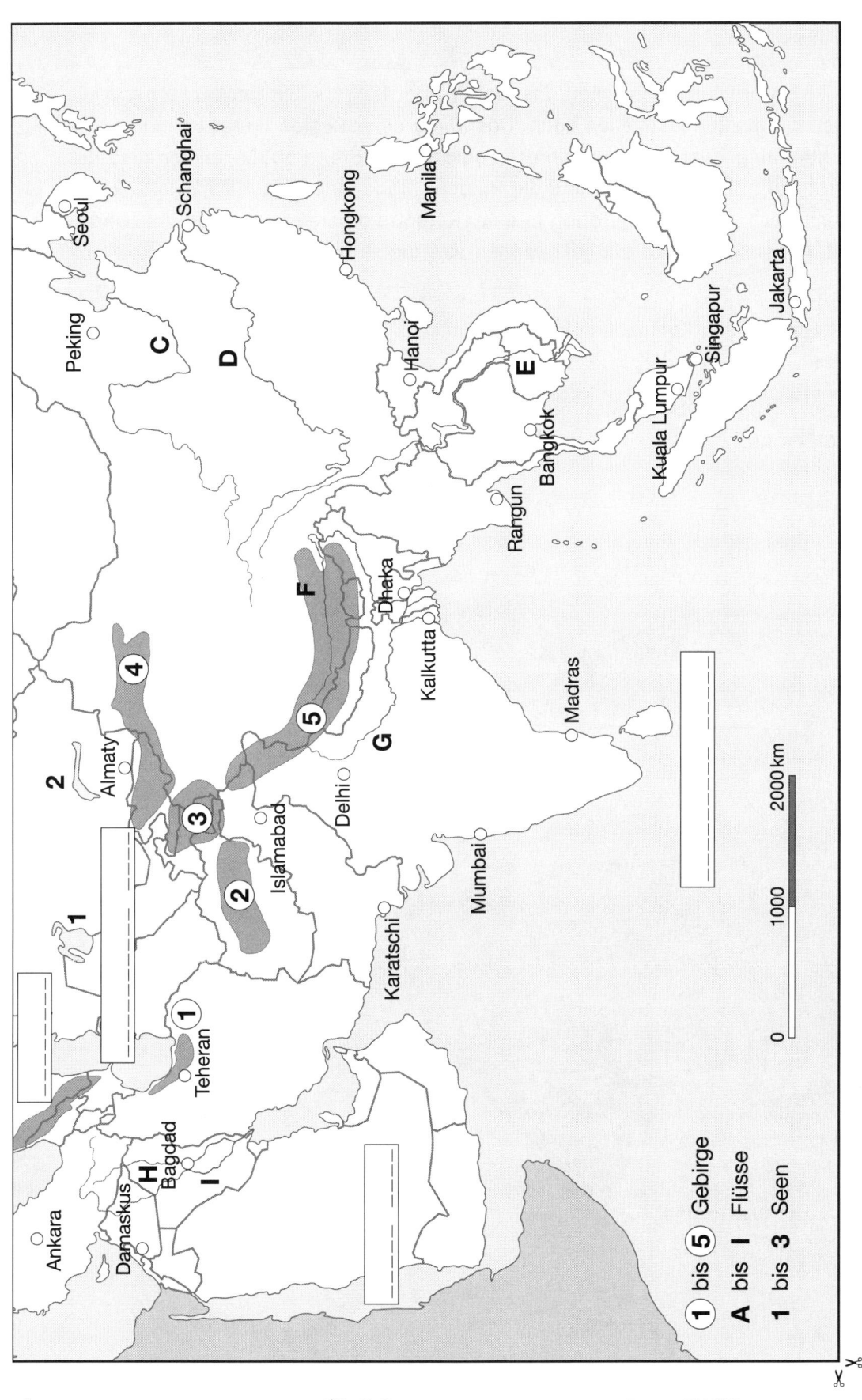

Seoul
Schanghai
Hongkong
Manila
Peking
C
D
Hanoi
E
Jakarta
Singapur
Kuala Lumpur
Bangkok
Rangun
Dhaka
F
Kalkutta
Madras
4
Almaty
2
5
3
G
Delhi
Islamabad
2
Mumbai
Karatschi
1
Teheran
1
Bagdad
H
I
Ankara
Damaskus

2000 km
1000
0

1 bis 5   Gebirge
A bis I   Flüsse
1 bis 3   Seen

KLIMAZONEN IN ASIEN

Info

Von **Klima** wird gesprochen, wenn man das Wetter über längere Zeit beobachtet und gewisse Regelmäßigkeiten feststellen kann. Das Klima einer Region hängt von ihrer Meereshöhe, ihrer Entfernung zum Ozean und ihrer geografischen Breite ab. Es spielen also die Sonneneinstrahlung, die Temperatur und die Niederschläge eine wesentliche Rolle. Das Klima bestimmt auch, welche Vegetation in einer Region vorherrscht und wie die Landschaft dort aussieht. In Asien kommen alle Klimazonen vor, die es auf der Erde gibt.

■ Sieh dir die Karte mit den Klimazonen an, lies dann das Textblatt und bearbeite im Anschluss das Arbeitsblatt.

■ Male die Klimazonen **nach** Bearbeiten der Aufgaben von Seite 11 und 12 in den von dir gewählten Farben an.

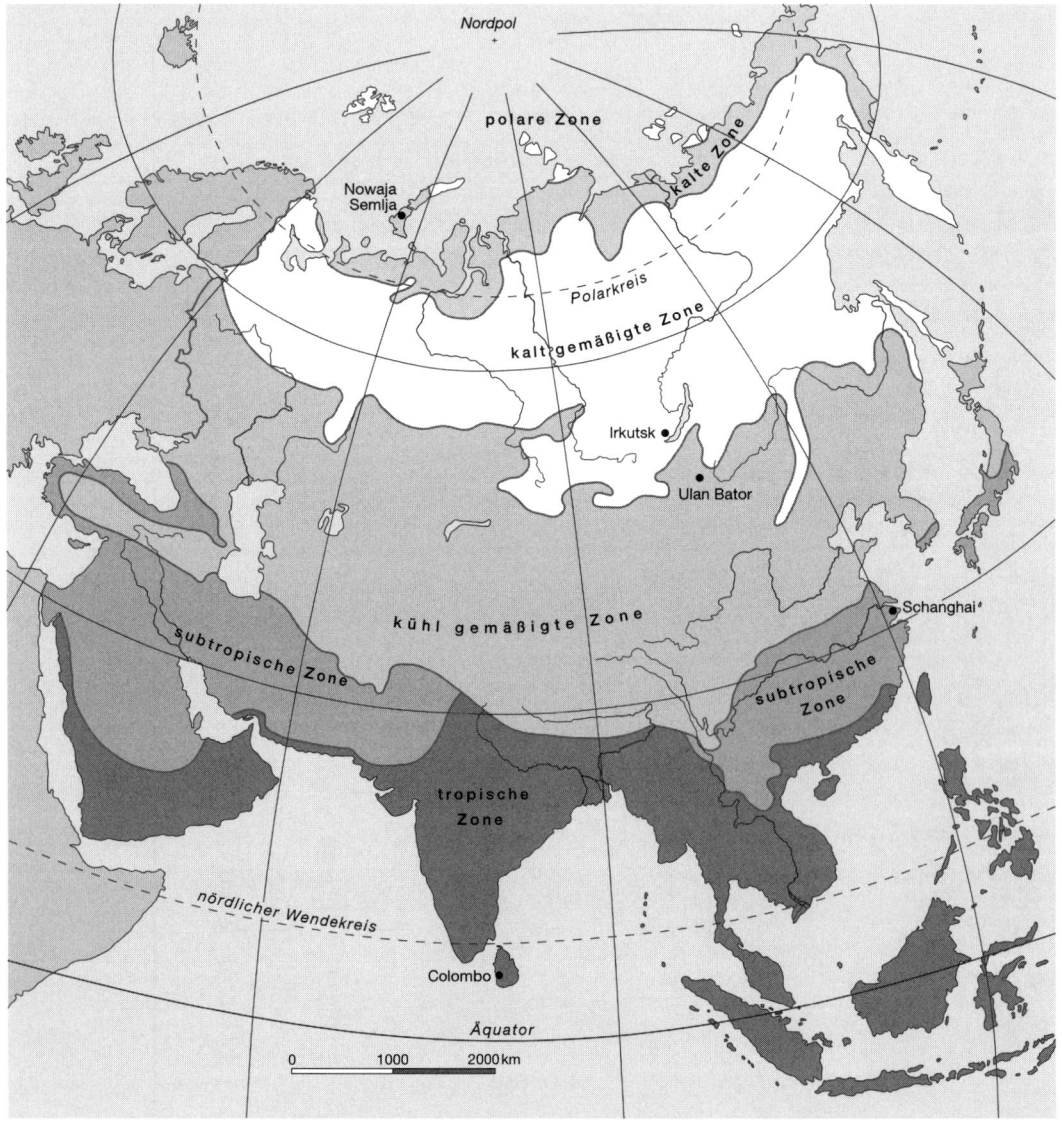

KLIMAZONEN IN ASIEN – TEXTBLATT

■ Sieh dir die Klimadiagramme an. Finde mithilfe der Texte heraus, zu welcher Klimazone die Diagramme gehören und schreibe sie auf. Rahme das Diagramm, den Infokasten und das passende Bild in der gleichen Farbe ein.

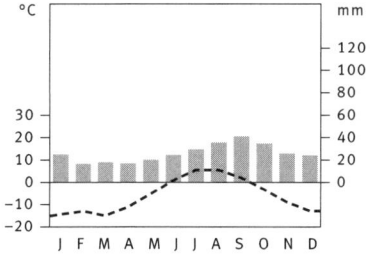 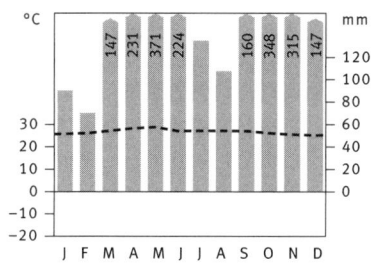 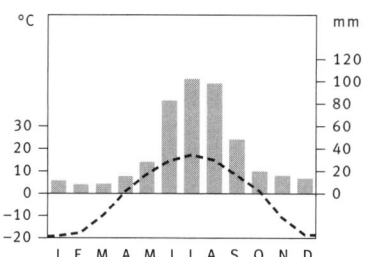

_____ Zone   _____ Zone   _____ Zone

Zur **kaltgemäßigten Zone** zählen alle Gebiete, deren Jahresmitteltemperatur unter 0 °C liegt, aber in denen im wärmsten Monat das Thermometer auf über 10 °C klettert. Niederschläge fallen ganzjährig, im Sommer etwas ergiebiger und von Oktober bis Mai oft als Schnee. Die Landschaft ist von Grassteppen und Nadelwäldern geprägt.

In der **kalten Zone** liegen die Temperaturen oft unter null Grad. Bis auf den Sommer herrscht meist Dauerfrost. Die Sommer sind sehr kurz, die Temperaturen erreichen kaum mehr als 10 °C. Insgesamt fallen geringe Niederschlagsmengen. Als Landschaftsform herrscht die Tundra vor.

Die **tropische Klimazone** erstreckt sich entlang des Äquators. Hier gibt es nur eine einzige Jahreszeit – den Sommer. Ganzjährig fallen große Mengen Niederschläge. Im feucht-heißen Klima beträgt die Temperatur auf Meeresniveau immer zwischen 26 und 28 °C. Selten wird es kälter als 18 °C und heißer als etwa 35 °C. In einer konstanten Luftfeuchtigkeit von 70 bis 80 % gedeihen hier die Regenwälder.

KLIMAZONEN IN ASIEN – ARBEITSBLATT

■ Erstelle nun selbst zwei Klimadiagramme. Übertrage die Temperatur- und Niederschlagsangaben aus der Tabelle in die Diagramme.

■ Zu welcher Klimazone und Stadt passt das Diagramm? Die Karte auf Seite 10 hilft dir.

Monate	J	F	M	A	M	J	J	A	S	O	N	D
Temperatur	3	4	8	14	19	23	27	27	23	18	11	5
Niederschlag	50	60	80	90	180	150	140	140	130	70	50	40

Monate	J	F	M	A	M	J	J	A	S	O	N	D
Temperatur	−25	−20	−12	−1	6	14	16	14	8	−1	−13	−22
Niederschlag	2	2	3	5	10	30	70	50	20	5	5	3

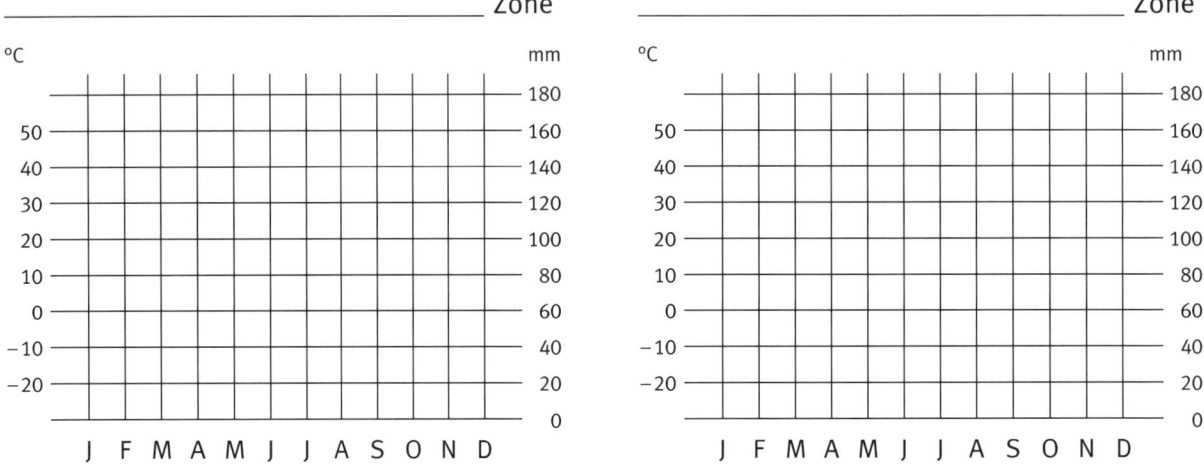

■ Schreibe in Stichworten einen kurzen Infotext zur subtropischen Zone. Benutze das Diagramm und Lexika als Hilfsmittel. Rahme das Diagramm, den passenden Infokasten und das dazugehörige Bild in einer gleichen Farbe deiner Wahl ein.

In der **subtropischen Zone** _____

In der **kühlgemäßigten Zone** sinkt das Thermometer im Winter noch unter null Grad. Im Sommer steigen die Temperaturen manchmal über 10 °C, jedoch nie über 20 °C im Durchschnitt an. Hier wachsen Laub- und Mischwälder. Niederschläge fallen ganzjährig. Die vier Jahreszeiten sind deutlich ausgeprägt.

VEGETATIONSZONEN IN ASIEN

Info

Die **Vegetation** ist die Gesamtheit der Pflanzengesellschaften, die in einem Gebiet vorkommen. Die Vegetation ist abhängig vom dort herrschenden Klima, der Bodenbeschaffenheit, dem Wasserhaushalt, wird aber auch geprägt durch die Einflüsse von Feuer, Tieren und Menschen.

Eine **Vegetationszone** ist der Bereich, in dem aufgrund des hier herrschenden Großklimas eine bestimmte Pflanzenformation, die zonale Vegetation, zu erwarten ist. Das heißt jede Zone hat ihre besondere Pflanzenwelt.

Je nach Klima haben die Zonen unterschiedlichelange Zeiträume, in denen die Pflanzen wachsen können (Vegetationsperiode). Die **Vegetationsperiode** kann in einer lebensfeindlichen Zone nur wenige Monate dauern, in warmen und feuchten Zonen dagegen das ganze Jahr.

▦ Ordne den Vegetationszonen die passenden Beschreibungen zu. Nimm dazu die Wäscheklammern mit den Bildern und klemme sie zum passenden Text.

▦ Kontrolliere mithilfe des Lösungsblattes.

VEGETATIONSZONEN IN ASIEN – KLAMMERKARTE

in den Polargebieten; lebensfeindliche Umweltbedingungen; Dauerfrost; keine Vegetation; unbesiedelt; auch „arktische Wüste"

baumlose Graslandschaft; Pflanzenbewuchs durch Sommertrockenheit bzw. Winterkälte begrenzt; große Entfernung zu den Ozeanen; Landwirtschaft teilweise möglich,

auf der Nordhalbkugel; dort angrenzend an die Nadelwaldzone; auf der Südhalbkugel nur am südlichen Ausläufer der Anden sowie in Tasmanien und Neuseeland zu finden

immergrüne Feuchtwälder, viel Regen im Sommerhalbjahr; ganzjährige Vegetationsperiode, Laubmischwälder, häufig Lorbeerwald, Artenreichtum; in Südost-China sind viele Arten erhalten geblieben, die woanders ausgestorben sind.

extreme Trockenheit oder Kälte; keine oder nur wenig hoch spezialisierte Pflanzen; bedeckt ein Drittel der Landmasse unserer Erde; nur etwa 20 % sind Sandwüsten – die meisten sind Landschaften aus Schotter, Kies oder zerklüfteten Gebirgsmassiven.

nur in den immerfeuchten tropischen Klimazonen in Äquatornähe; ganzjährig gleichmäßiges warmes, feuchtes Klima; artenreichstes Ökosystem der Erde; Millionen von Pflanzen- und Tierarten

ein Sammelbegriff für die Zone zwischen dem tropischen Regenwald und der Wüste; Vegetation abhängig vom Wasserhaushalt (trocken, subtropisch oder tropisch)

angrenzend an die Polargebiete; kurze, kühle Sommer; lange, sehr kalte und dunkle Winter; Dauerfrost; nur niedrigwüchsige Pflanzen, die unter der Schneedecke überwintern; v. a. Moose und Flechten

nördlichst gelegener Waldtyp der Erde; ausschließlich auf der Nordhalbkugel; größte Waldfläche der Erde, in Russland: „Taiga"; Nadelbäume

VEGETATIONSZONEN IN ASIEN – ÜBERBLICK

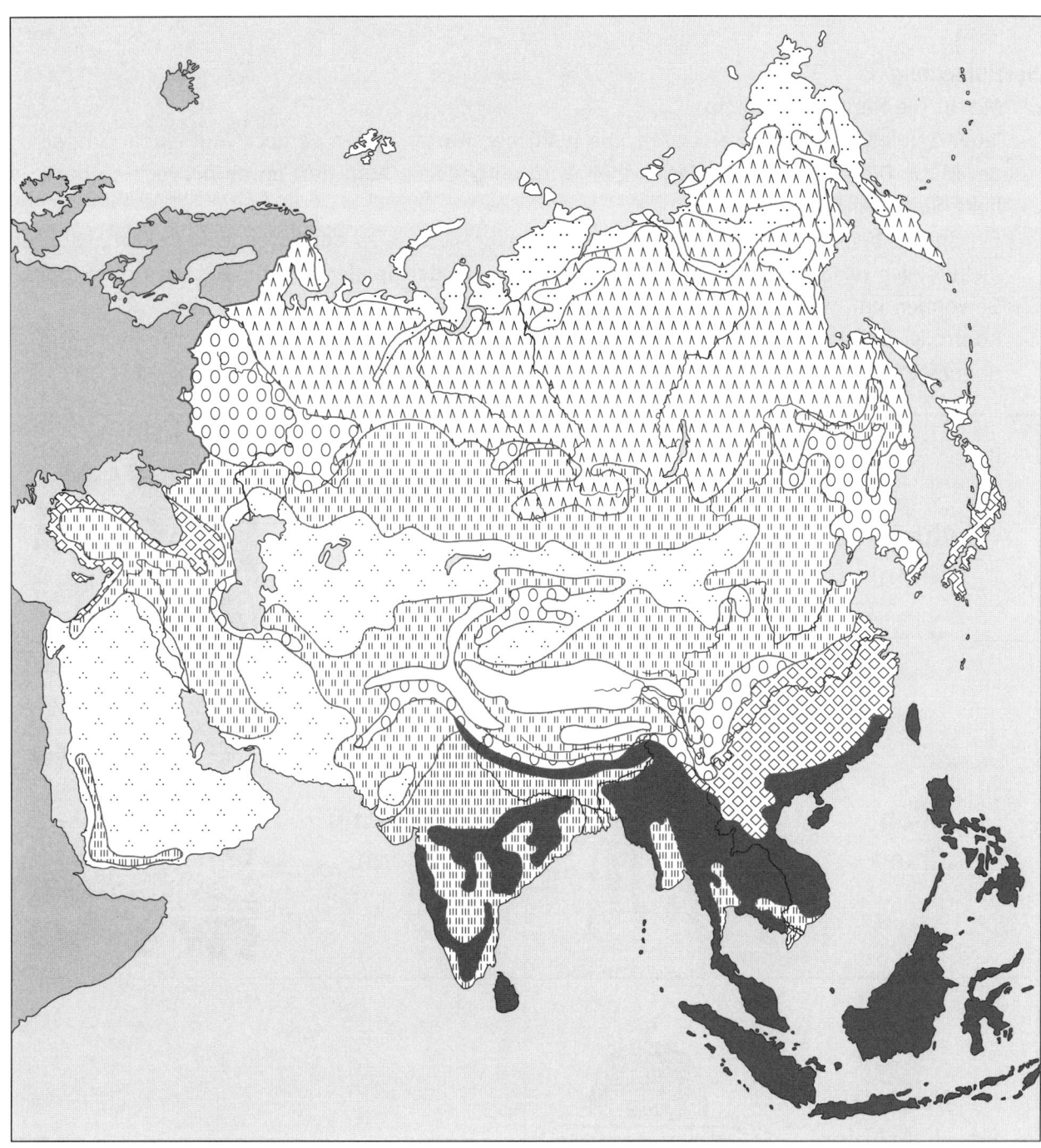

■ Vervollständige die Legende zur Karte.

■ Male die Karte mit verschiedenen Farben an.

☐ Eis- und Felsregion	▤ _____	◇ _____
■ _____	∴ _____	▥ _____
⋎ _____	∴ _____	◠ _____

KULTUR-DOMINO

Spiel für 2 bis 3 Spieler

Spielanleitung

▷ Mischt die Karten gut durch.

▷ Jeder Spieler bekommt zwei Karten. Die restlichen Karten liegen verdeckt auf einem Stapel in der Mitte. Die oberste Karte des Stapels wird aufgedeckt. Man darf an an die rechte oder linke Seite der Karte anlegen.

▷ Ein Spieler beginnt. Passt eine oder mehrere seiner Karten zu der aufgedeckten Karte, darf er diese gleich richtig anlegen. Passt keine Karte, zieht der Spieler eine neue Karte vom Stapel.

▷ Gewonnen hat, wer als Erstes keine Karten mehr hat.

▷ Kontrolle: Dreht die Karten um. Immer zwei gleichfarbige Klebepunkte zeigen, ob ihr richtig angelegt habt.

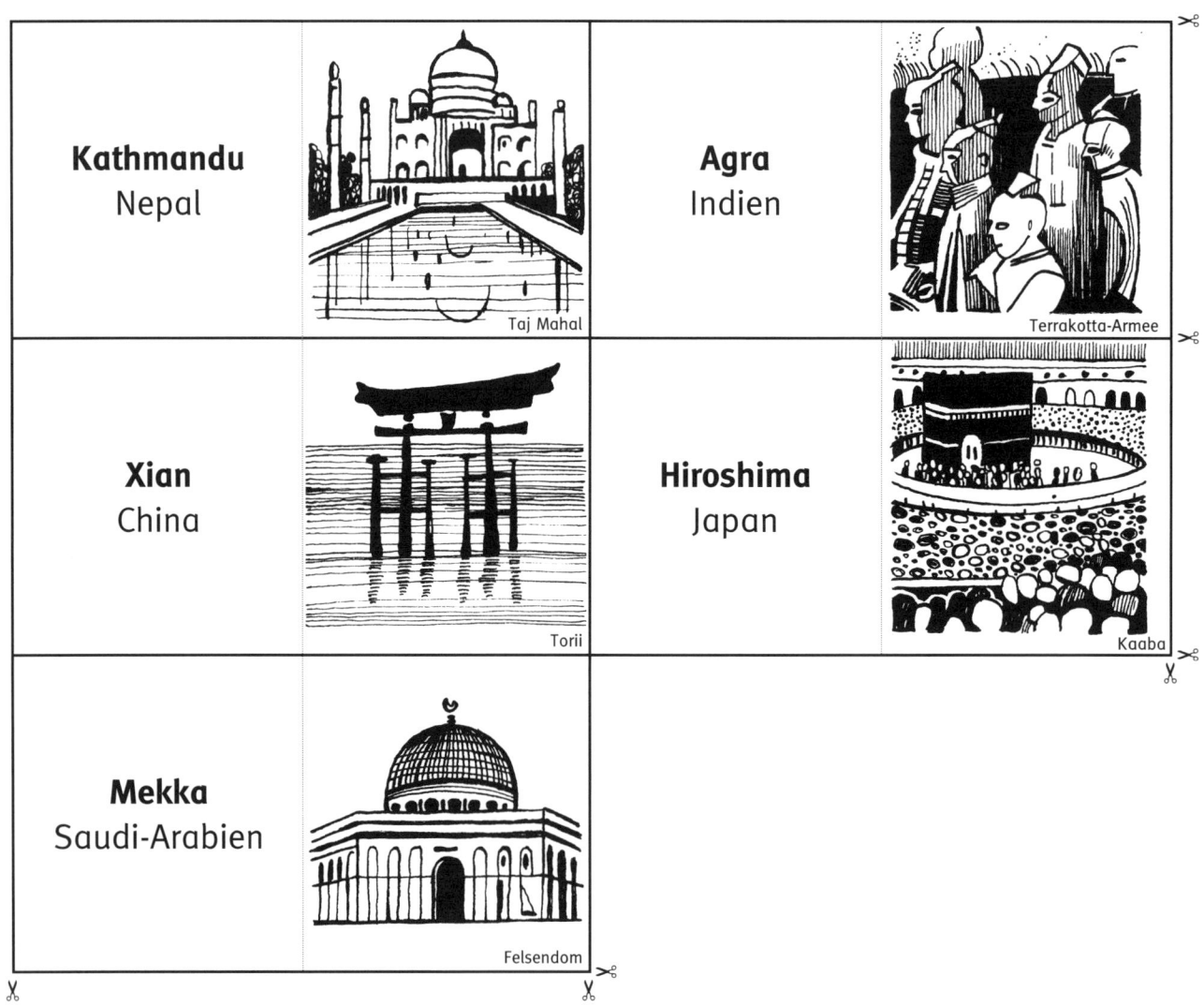

Kathmandu Nepal — Taj Mahal

Agra Indien — Terrakotta-Armee

Xian China — Torii

Hiroshima Japan — Kaaba

Mekka Saudi-Arabien — Felsendom

KULTUR-DOMINO

Jerusalem
Israel

Spiralminarett

Samarra
Irak

Angkor Wat

Siem Reap
Kambodscha

Antike Tempelstadt

Ayutthaya
Thailand

Borobudur

Yogyakarta
Indonesien

Merlion

Singapur

Kek Lok Si Pagode

Georgetown
Malaysia

Trajan-Tempel

Pergamon
Türkei

Verlassene Stadt

Bagan
Myanmar

Ho Chi Minh-Mausoleum

Hanoi
Vietnam

Bodnath Stupa

KRISEN UND KONFLIKTE IN ASIEN

Info

Es gibt verschiedene Ursachen für Krisen: Oft geht es bei den Interessenkonflikten um
▷ Hoheitsgebiete oder Staatsgrenzen (territoriale Konflikte),
▷ Bürgerrechte und Selbstbestimmung (politische Konflikte),
▷ wirtschaftliche Ziele, z.B. die Sicherung von Rohstoffvorkommen,
▷ unterschiedliche religiöse oder ideologische Auffassungen.
Ob aus solchen Konflikten Kriege entstehen, hängt meist davon ab, wie das Zusammenleben in einem Land funktioniert. Wo Menschen arm sind, hungern und unterdrückt werden, ist es schwieriger, Frieden zu schaffen, als in einem wohlhabenderen Land.

Die meisten Auseinandersetzungen fanden und finden in Afrika und Asien statt. In Asien sind besonders der Nahe und der Mittlere Osten von Konflikten mit internationaler Bedeutung betroffen (Vorderasien).

Um den Frieden durch internationale Zusammenarbeit zu schützen, wurden 1945 die Vereinten Nation, (UN) gegründet. Sie ermutigen die Konfliktparteien zu Verhandlungen und entsenden Friedenstruppen (Blauhelme), um den Friedensprozess zu unterstützen.

■ Lies die Informationstexte durch. Unterstreiche die Länder und Regionen, die dabei genannt werden. Suche sie mithilfe eines Atlanten auf der Karte.

■ Klebe dann einen roten Klebepunkt auf die Karte zu den entsprechenden Krisenherden. Beschrifte die Punkte mit der zugehörigen Nummer.

KRISEN UND KONFLIKTE IN ASIEN 1

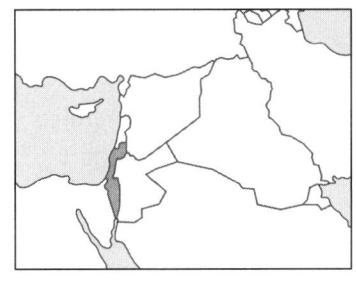

Das Volk der Palästinenser wurde durch die Gründung des Staates Israel heimatlos. Lange hatten die Palästinenser gehofft, ihren eigenen Staat auf dem Gazastreifen und im Westjordanland gründen zu können. Nach einer Reihe gescheiterter Verhandlungen starteten sie einen Aufstand und verübten Selbstmordanschläge auf Israel. Israel antwortet mit militärischer Gewalt. Die Verhandlungen gestalten sich trotz internationaler Hilfe seit Jahren schwierig.

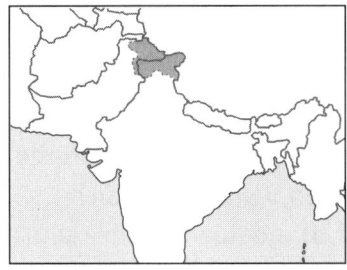

Seit mehr als 50 Jahren streiten Indien und Pakistan um die Region Kaschmir. Damals wurde Kaschmir aufgeteilt und eine Grenze mitten durch die Region gezogen. Der Streit hat einen religiösen Hintergrund. In Kaschmir leben wie in Pakistan hauptsächlich Muslime, die sich deshalb Pakistan zugehörig fühlen. Sie fordern, dass die gesamte Region zu Pakistan gehört. Um das durchzusetzen, verüben Terroristen immer wieder Anschläge in Indien.

Viele Jahre Bürgerkrieg haben Afghanistan zerstört. Die geschwächten politischen Strukturen begünstigten die Taliban, eine radikale islamistische Organisation, die Herrschaft zu übernehmen. Die Menschen mussten nach sehr strengen religiösen Regeln leben. Musik, Sport und Fernsehen waren verboten. Frauen durften nicht arbeiten und mussten sich verschleiern. Nach den Terroranschlägen am 11. September 2001 richtete sich das Augenmerk zunächst auf Afghanistan, das Terroristen Unterschlupf gewährte. Die USA griffen Afghanistan an und beendeten die Herrschaft der Taliban. Internationale Truppen versuchen seitdem, den Frieden zu bewahren und dem Land Aufbauhilfe zu leisten. Allerdings kommt es immer noch zu Anschlägen.

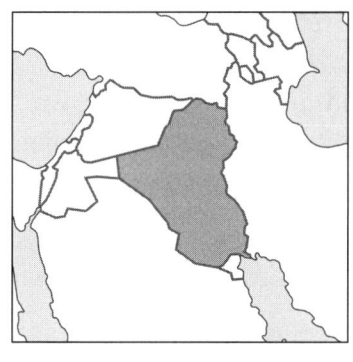

Mehr als 20 Jahre herrschte der Diktator Saddam Hussein im Irak. Er ließ Gegner foltern und ermorden und führte Kriege gegen Iran und Kuwait. Die USA verdächtigten den Irak, Massenvernichtungswaffen herzustellen. Diesen Verdacht nahmen sie zum Anlass, in den Irak einzumarschieren und den Diktator im April 2003 zu stürzen. Ein Jahr später bekam der Irak eine neue Regierung. Zur Ruhe ist das Land aber nicht gekommen. Terroristen versuchen weiterhin eine staatliche Ordnung mit Anschlägen zu verhindern. Saddam Hussein wurde inzwischen gefasst, zum Tode verurteilt und hingerichtet.

KRISEN UND KONFLIKTE IN ASIEN 2

In Sri Lanka entbrannte 1983 ein Bürgerkrieg. Die Regierung stand in einem bewaffneten Kampf mit der tamilische Rebellenorganisation, die im Norden und Osten des Landes einen unabhängigen Tamilenstaat anstrebt. 2002 wurde ein Waffenstillstandsabkommen unterzeichnet. Die Friedensverhandlungen wurden allerdings 2003 wieder ausgesetzt. Als es 2005 wieder zu Gesprächen kam, wurde der Waffenstillstand durch wochenlange Kämpfe gebrochen. Es gab mehr als 3 000 Tote. Nun soll es aber wieder eine Zusammenarbeit geben, um den jahrzehntelangen Konflikt zu lösen.

Seit der Teilung ist das Verhältnis zwischen Nord- und Südkorea problematisch. Die Spannungen gipfelten 1950 im Koreakrieg, der 1953 durch ein Waffenstillstandsabkommen beendet wurde. Da aber kein Friedensvertrag geschlossen wurde, fühlt sich Nordkorea weiterhin im Kriegszustand. Die beiden Länder sind seither durch eine nahezu unüberwindbare Grenze voneinander getrennt. Der südkoreanische Präsident leitete 2000 eine innerkoreanische Annäherung ein. Familienbegegnungen sind seither nicht mehr unmöglich, Straßen und Schienen zur Verbindung der Staaten wurden geplant und gebaut. Der Annäherungsprozess ist jedoch von zahlreichen Rückschlägen betroffen. Das nordkoreanische Atomprogramm beunruhigt deshalb neben anderen Staaten besonders Südkorea.

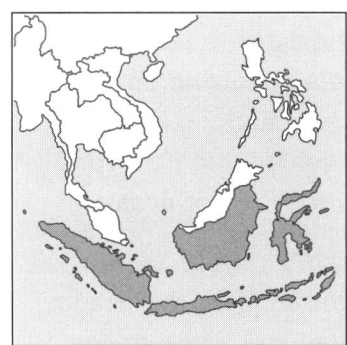

In Indonesien ist es seit 2002 mehrfach zu Bombenanschlägen islamistischer Extremisten auf ausländische Touristen gekommen. Aber auch zwischen den Indonesiern selbst kommt es zu Konflikten: In der indonesischen Provinz Aceh im Norden von Sumatra hat sich die Lage nach einem Friedensabkommen zwischen der indonesischen Regierung und der Unabhängigkeitsbewegung etwas verbessert. Der Friedensprozess wird aber noch einige Zeit in Anspruch nehmen. In einzelnen Landesteilen kommt es immer noch wiederholt zu gewalttätigen Auseinandersetzungen, so auch in Sulawesi und auf den Molukken, wo es trotz Friedensabkommen zwischen Christen und Muslim wieder zu Unruhen mit Toten und Verletzten kommt.

KRISEN UND KONFLIKTGEBIETE IN ASIEN

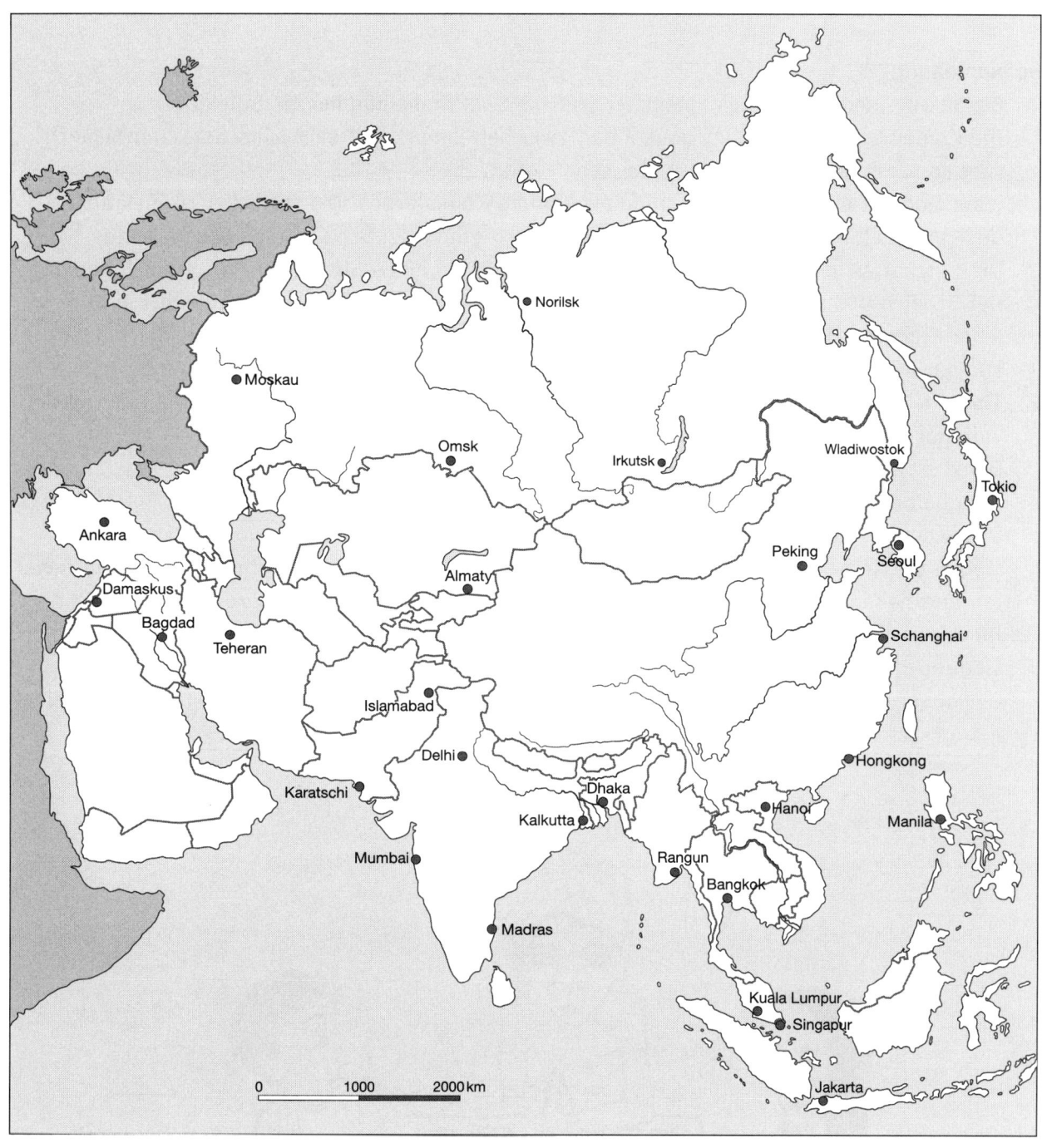

VORDERASIEN – KAMELE ZOCKEN

Pokerspiel für 3 Spieler

Spielanleitung

▷ Bestimmt einen Scheich als Spielleiter und die zwei Kamelhändler als Spieler. Die Kamelhändler sitzen sich gegenüber, zwischen ihnen steht ein Sichtschutz. Der Scheich sitzt so, dass er beide Kamelhändler sehen kann.

▷ Jeder Händler erhält sechs rote und sechs grüne Kamelkarten. Die restlichen Kamelkarten gehen an den Scheich, der sie verwaltet. Ebenso erhält der Scheich die Lösungskarte.

▷ Die Satzkarten werden gut gemischt und verdeckt auf einen Stapel vor den Scheich gelegt. Der Scheich dreht die oberste Satzkarte um, liest sie laut vor und legt sie vor sich hin.

▷ Jeder Kamelhändler überlegt nun, ob der Satz richtig oder falsch ist. Denkt er, der Satz stimmt, darf er entscheiden, ob er eine oder zwei grüne Kamelkarten darauf setzt.
Tipp: Ist er sich sicher, dann setzt er zwei Kamele. Ist er sich nur fast sicher, dann ist es sinnvoll, nur eine Kamelkarte zu setzen.

▷ Denkt er, der Satz ist falsch, dann setzt er eine oder zwei rote Kamelkarten.

▷ Sind beide Händler mit Setzen fertig, schieben sie ihre Karten zur Satzkarte.

▷ Der Scheich gibt jetzt die richtige Antwort vor. Dazu schaut er auf der Lösungskarte nach.

▷ Liegen die Kamelhändler mit ihrer Vermutung richtig, dann dürfen sie ihre Kamelkarten behalten und bekommen zusätzlich noch einmal genauso viele Kamelkarten vom Scheich. Der Händler selbst darf dabei entscheiden, ob er grüne oder rote Kamelkarten möchte.

▷ Liegt er falsch, muss er seine gesetzten Kamele an den Scheich abgeben.

▷ Gewonnen hat am Ende der Kamelhändler, der die meisten Kamele besitzt. Dabei entscheidet die Anzahl aller roten und grünen Kamelkarten.

VORDERASIEN – KAMELE ZOCKEN – SATZSTREIFEN

1 Die Türkei gehört nicht mehr zu Vorderasien.

2 Das Pro-Kopf-Einkommen in den Vereinigten Arabischen Emiraten ist fast doppelt so hoch wie in den USA.

3 Unter dem Jemen liegen riesige Erdgasreserven.

4 Der Jemen liegt am Persischen Golf.

5 Der Iran ist mit ca. 65,5 Mio. das Land mit den meisten Einwohnern in Vorderasien.

6 Die Hauptstadt der Vereinigten Arabischen Emirate ist Dubai.

7 Die Flüsse Euphrat und Tigris fließen durch Jordanien – daher heißt das Land auch Zweistromland.

8 Der Libanon liegt am Mittelmeer.

9 Der Iran ist Nachbarland der Türkei.

10 Das Zentrum des Islams ist Mekka. Die Stadt liegt in Saudi-Arabien.

11 Der Felsendom in Jerusalem ist eine bedeutende Pilgerstätte der Muslime.

12 Die Große Arabische Wüste ist die größte zusammenhängende Sandfläche der Erde.

VORDERASIEN – KAMELE ZOCKEN – SATZSTREIFEN

13 Saudi-Arabien ist mit etwa 13 bis 14 % größter Erdölproduzent weltweit.

14 Das Haupteinkommen der Vereinigten Arabischen Emirate wird durch den Tourismus rund um Dubai und Abu Dhabi erwirtschaftet.

15 In den Vereinigten Arabischen Emiraten sind mehr als $^3/_4$ der Bevölkerung keine Emirater, sondern Arbeitseinwanderer aus Süd- und Südostasien.

16 Der Zweite Golfkrieg begann 1990, als irakische Truppen nach Kuwait einmarschierten. Er dauerte ca. 6 Monate und wurde mithilfe der USA beendet.

17 Kuwait verfügt nur über unbedeutende Erdöl- und Erdgasreserven.

18 Katar ist eine Stadt im Oman.

19 Das Tote Meer liegt in Israel.

20 Das Tote Meer liegt ca. 400 m unter dem Meeresspiegel.

21 An den Persischen Golf grenzen 8 Staaten.

22 Saudi-Arabien liegt am Roten Meer.

23 Der Iran produziert mehr Erdgas als Russland.

© Cornelsen Verlag Scriptor, Berlin • Lernen an Stationen • Themenheft „Asien entdecken"

VORDERASIEN – KAMELE ZOCKEN – LÖSUNGSKARTE

1	**falsch**	es gehört dazu
2	**richtig**	
3	**falsch**	der Jemen gehört daher zu den ärmsten Ländern der Erde.
4	**falsch**	
5	**richtig**	
6	**falsch**	Abu Dhabi
7	**falsch**	sie fließen durch den Irak
8	**richtig**	
9	**richtig**	
10	**richtig**	
11	**richtig**	
12	**richtig**	
13	**richtig**	
14	**falsch**	das Erdöl in Abu Dhabi bringt dem Land das meiste Einkommen.
15	**richtig**	
16	**richtig**	
17	**falsch**	Kuwait ist einer der bedeutendsten Produzenten
18	**falsch**	Katar ist ein eigener Staat.
19	**falsch**	Es grenzt an Israel und Jordanien.
20	**richtig**	
21	**richtig**	
22	**richtig**	
23	**falsch**	deutlich weniger

VORDERASIEN – KAMELE ZOCKEN – KAMELKARTEN

ZENTRALASIEN – EINE REGION IM WANDEL

Info

Als Schmelztiegel vieler Völker und als riesige Landbrücke zwischen Ost und West verband Zentralasien von alters her Orient (Morgenland) und Okzident (Abendland). Mit dem Untergang der Sowjetunion 1991 entstanden zwischen China und dem Kaspischen Meer fünf neue Staaten: Usbekistan, Kirgisistan, Tadschikistan, Turkmenistan und Kasachstan. Zentralasien, eine „neue Region", ein Vielvölkermix, reich an Rohstoffen, aber bitterarm.
In der Region leben 55 Millionen Menschen, die zwischen sowjetischer Vergangenheit, Orientierung am Westen und einer Rückbesinnung auf den Islam ihre Identität suchen.

■ Lies zuerst den Informationstext zu Zentralasien.

■ Trage die Nummern 1 bis 5 richtig auf der Karte ein.

Länder

1 Tadschikistan   2 Kirgisistan   3 Turkmenistan

4 Kasachstan   5 Usbekistan

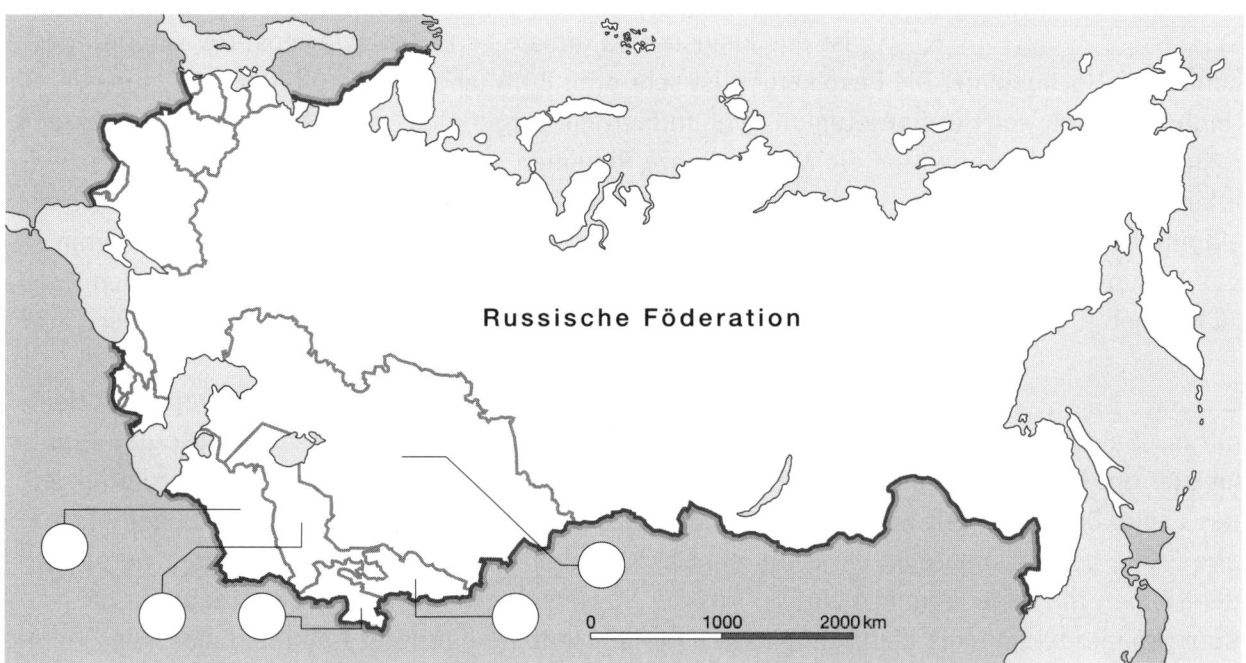

ZENTRALASIEN – EINE REGION IM WANDEL

■ Lies die Texte zu den fünf Ländern genau durch und schreibe den richtigen Namen sowie die passende Nummer zu jedem Text.

☐ _____ ist ein riesiges Steppenland im Norden von Zentralasien. Hier leben 116 offiziell anerkannte Nationalitäten. Die meisten Menschen, 57 %, leben in den Städten. In diesem Land gibt es große Erdöl- und Gasvorkommen. Deshalb investiert dort auch der Westen. Armut und Chancen liegen dicht beieinander. Exklusive Läden, Luxushotels und aufstrebende Manager stehen im Gegensatz zu trostlosen Trabantenstädten, Arbeitslosen und hungernden Rentnern. Weitere Probleme sind die Bestechlichkeit mancher Politiker und die organisierte Kriminalität.

☐ _____ ist traditionell ein Volk von Berghirten. Allein gelassen mit dem neuen System, stürzten viele Kirgisen in Not. Als die Herden an die Berghirten verteilt wurden, gingen viele Tiere, die bis dahin gemeinsam versorgt wurden, ein. Es fehlten Kenntnisse und das Geld für Impfungen, Medikamente und Futter. Mit Verkauf und Vermarkten sind viele Berghirten überfordert. 34 % der Bevölkerung leben unter der Armutsgrenze. Landwirtschaftsprojekte aus dem Ausland versuchen mit Förderungen und Krediten dem rohstoffarmen Land auf die Beine zu helfen.

☐ _____ ist das kleinste und ärmste Land Zentralasiens. Der Großteil des Landes ist Hochgebirge. Die Bevölkerung ist sehr arm: 80 % leben unterhalb der Armutsgrenze. Die Unabhängigkeit von der Sowjetunion begann hier mit Bürgerkrieg. Islamisten, Kommunisten und regionale Clans kämpften um die Macht. Ganze Regionen waren abgeschnitten, viele Menschen litten Hunger. Nur Nothilfe aus dem Ausland verhinderte eine Katastrophe. Die alte Seidenstraße, ein ehemals wichtiger Handelsweg, wird immer mehr von Drogenhändlern genützt, die Heroin aus Afghanistan schmuggeln. Langsam beginnen die Menschen, ihre Zukunft in die eigenen Hände zu nehmen, Betriebe zu gründen, Landwirtschaft zu betreiben und sich selbst zu versorgen.

☐ _____ liegt im Zentrum Zentralasiens. Die Stadt Buchara, einst Station auf der Seidenstraße, war im Mittelalter sehr reich und zog Wissenschaftler, Gelehrte und Baumeister an. Mit ihren zahlreichen islamischen Hochschulen und Moscheen wurde sie zum Pfeiler des Islam. Zur Sowjetzeit wurde der Islam unterdrückt. Moscheen wurden z. B. als Lagerhallen und Ställe genutzt. Heute ist der Islam ein Gegenmodell zur Sowjetzeit. Islamschulen werden wiedereröffnet, die Pilger kommen zurück. Aus der Sowjetzeit gibt es noch Großbetriebe für die Baumwollproduktion, die die Staatskasse und die Schatulle kurrupter Politiker füllen. Die Baumwollproduktion verursacht große ökologische Schäden.

☐ _____ grenzt an das Kaspische Meer. Die neue Verfassung wird hier nur sehr zögerlich umgesetzt. Der Präsident hat gegenüber seinem Parlament eine sehr starke Position. Die Stabilisierung der Wirtschaft steht im Vordergrund. Allerdings wird dabei an den alten Strukturen festgehalten, sodass das Ausland hier kaum investiert. Auch Privatleute haben kaum Chancen, eigene Betriebe aufzubauen, sondern können höchstens auf Basaren verkaufen oder Kioske eröffnen.

NORDASIEN – EINE REISE DURCH RUSSLAND

Info

Sibirien ist eine Region in Russland. Sie umfasst eine riesige Fläche von etwa 10 Millionen km². Sechs Millionen km² davon sind von Dauerfrostboden bedeckt, dieser reicht bis zu 1 500 m in die Tiefe und taut nur in den Sommermonaten an der Oberfläche etwas auf. Die durchschnittliche Jahrestemperatur liegt unter 0 °C.

Sibirien ist reich an Bodenschätzen, ihre Förderung ist aufgrund der extremen klimatischen Bedingungen aber aufwändig. Außerdem bringt die Energie- und Rohstoffgewinnung viele Umweltprobleme mit sich.

Die meisten Menschen leben in den großen Städten wie z. B. in Nowosibirsk mit 1,3 Mio. Einwohnern.

Zu den wichtigsten Verkehrsverbindungen zählen die Transsibirische Eisenbahn und die Baikal-Amur-Magistrale (BAM). Die großen Flüsse eignen sich nur in Südsibirien für die Schifffahrt, da die Nutzung im Winter durch das Eis zu lange eingeschränkt ist. Von besonderer Bedeutung ist aber der Luftverkehr, da viele Städte nur mit dem Flugzeug erreichbar sind.

Spielanleitung für 3 – 5 Mitspieler

▷ Ihr braucht den Spielplan, die Spielkarten und für jeden Spieler eine Spielfigur

▷ Legt die Karten als Stapel verdeckt in die Mitte.

▷ Jeder wählt eines der Startfelder an den Spitzen des Sterns aus und stellt seine Spielfigur dort auf.

▷ Der erste Spieler zieht eine Karte vom Stapel und liest die Information laut vor.

▷ Die Spieler entscheiden gemeinsam, ob die Information für die Menschen und die Umwelt positiv oder negativ ist. Bei einer positiven Aussage darf man drei Felder vorgehen, bei einer negativen geht es drei Felder zurück.

▷ Kommt ein Spieler dabei auf ein Feld mit einem Pfeilsymbol, darf er sofort noch zwei Felder vorwärts ziehen.

▷ Dann ist der nächste Spieler an der Reihe und zieht eine Karte.

▷ Gewonnen hat der Spieler, der zuerst wieder an seinem Ausgangspunkt ankommt.

NORDASIEN – EINE REISE DURCH RUSSLAND

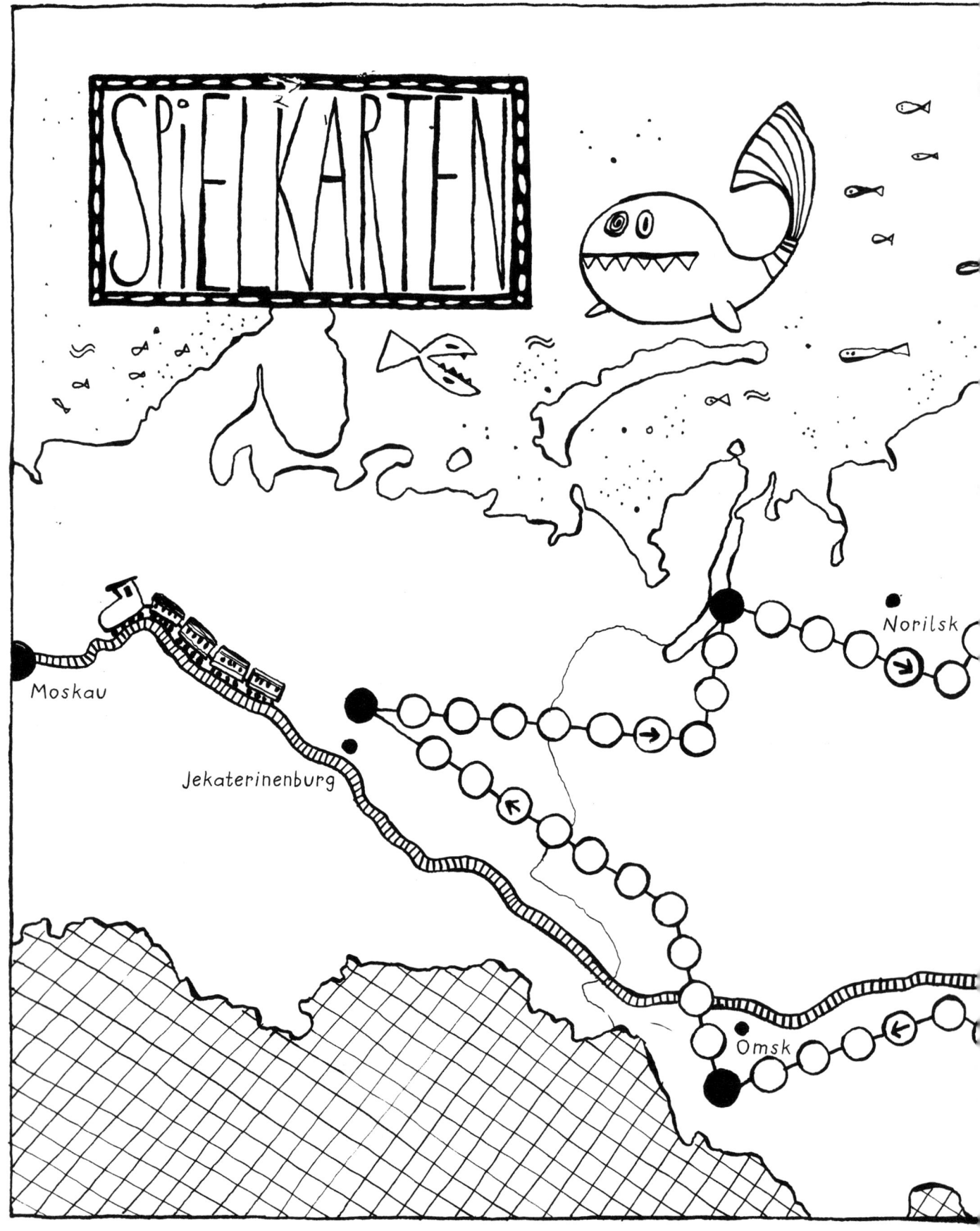

SPIELPLAN

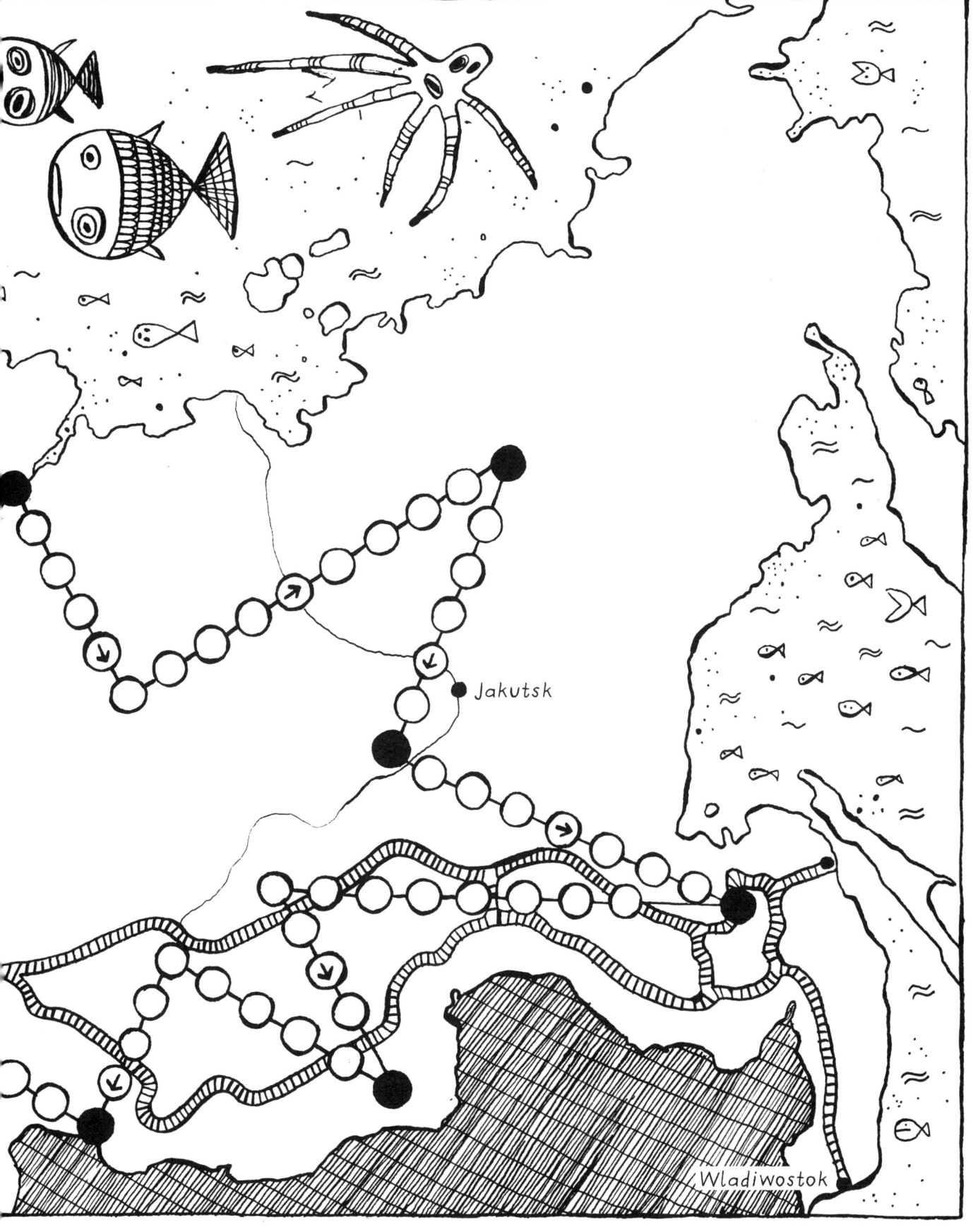

Jakutsk

Wladiwostok

NORDASIEN – EINE REISE DURCH RUSSLAND SPIELKARTEN

Die extreme Kälte schützt vor der Ausbreitung von Krankheitserregern. Man braucht keinen Kühlschrank, um die Lebensmittel zu konservieren, man legt sie einfach ins Freie.

Vor kurzem machten Jäger einen außergewöhnlichen Fund: Sie entdeckten große Mammutknochen. Diese Elefantenart hat bis vor 10 000 Jahren auf der Nordhalbkugel gelebt. Das Eis hat sie über diese lange Zeit konserviert.

Hier ist der Boden bis in große Tiefen ganzjährig gefroren (Dauerfrostboden). Nur im Sommer tauen die obersten Schichten auf. Dann versinken die Verkehrswege im Schlamm.

Bereits vor über 100 Jahren begann der Bau der berühmten Transsibirischen Eisenbahn (Transsib). Sie verbindet Moskau im Westen Russlands mit Wladiwostok ganz im Osten.

Eine wichtige Bedeutung hat in Sibirien der Luftverkehr. Viele Orte sind nur mit dem Flugzeug zu erreichen.

1974 begann der Bau der zweiten großen Eisenbahnlinie, der Baikal-Amur-Magistrale, um die Bodenschätze in Nordostsibirien zu erschließen. Der Bau war aber wegen des Dauerfrostbodens, der Gebirge und der Erdbebengefahr mit großen Schwierigkeiten verbunden.

Wegen des Dauerfrostbodens werden die Häuser auf Stützen aus Beton oder Stahl gebaut. Die Stützen und die Bohrlöcher werden mit Wasser ausgegossen, das gefroren hart wird wie Beton. Ohne die Stützen würden die beheizten Häuser durch ihre Wärme den Boden auftauen, Risse bekommen und einsinken.

In Sibirien ist die Rohstoffgewinnung durch die harte Konkurrenz auf dem Weltmarkt zurückgegangen, sodass sich der Abbau in entlegenen Gebieten kaum noch lohnt. Die teure Baikal-Amur-Strecke wird deshalb inzwischen als Fehlschlag gesehen.

In der Steppenzone wird vor allem Getreide angebaut, sie gilt als die Kornkammer Russlands.

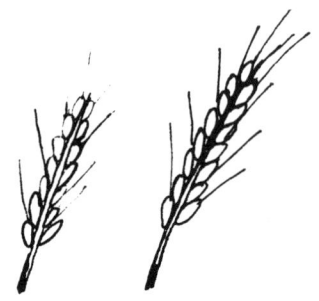

Wenn in Sibirien das Thermometer unter −50 °C fällt, bekommen die ersten vier Klassen schulfrei.

NORDASIEN – EINE REISE DURCH RUSSLAND
SPIELKARTEN

Nach dem deutschen Angriff auf die Sowjetunion im Zweiten Weltkrieg mussten die russlanddeutschen Siedler ihre Dörfer verlassen und wurden nach Kasachstan, Kirgisien, Tadschikistan oder Sibirien umgesiedelt.

Bei Kälte stoßen viele Materialien an ihre Grenzen: Metall wird spröde, Werkzeuge brechen leicht oder splittern. Öl verliert seine Schmierfähigkeit, sodass Motoren von Fahrzeugen und Maschinen nicht mehr funktionieren.

Nach dem Zusammenbruch der Sowjetunion im Jahr 1991 haben viele Betriebe und Landwirte Probleme mit den Umstrukturierungen. Viele Menschen sind arbeitslos.

Im Winter werden die zugefrorenen Flüsse, Sümpfe und Seen zu guten Landeplätzen für Flugzeuge und Hubschrauber.

Zehntausende von Zwangsarbeitern und landlosen Bauern mussten die rund 10 000 km lange Strecke der Transsibirischen Eisenbahn zwischen Moskau und Wladiwostock errichten.

75 % der Energiereserven Russlands werden in Sibirien vermutet. Mehr als ein Drittel der weltweiten Erdgasreserven liegen in Sibirien.

Auf der Baikal-Amur-Strecke fahren heute nur noch wenige Züge, da mit dem Ende der Sowjetunion viele geplante Vorhaben wie neue Städte und Fabriken nicht mehr umgesetzt wurden.

An manchen Orten betragen die Temperaturschwankungen zwischen den wärmsten und kältesten Monaten bis zu 68 °C. In einigen Städten in Nordost-Sibirien kann es im Winter −70 °C kalt werden.

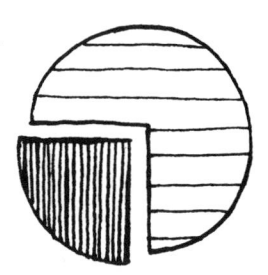

In Sibirien herrscht im Winter ein lebensfeindliches Klima. Bei starkem Frost verbrennt einem die Kälte Haut und Lunge – man bekommt Brandblasen, wenn man Eisen mit bloßen Händen anfasst.

Nur ein Viertel der Landfläche Russlands ist überhaupt landwirtschaftlich nutzbar.

NORDASIEN – EINE REISE DURCH RUSSLAND
SPIELKARTEN

Nur 1 % der Landfläche Russlands erhält die für eine sichere Ernte notwendigen Jahresniederschläge. Auch Früh- oder Spätfröste, Dürren oder Starkregen oder früher Wintereinbruch gefährden die Ernten.

Zum Abtransport der Bodenschätze braucht man Straßen, Eisenbahnen und Verkehrswege. Dabei müssen riesige Entfernungen überwunden werden.

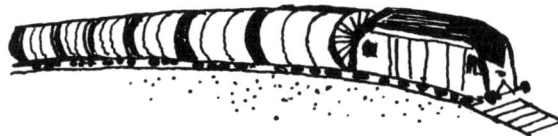

Förderung und Transport der Bodenschätze sind schwierig. Wegen harter Arbeitsbedingungen (z. B. bei sehr niedrigen Temperaturen) werden hohe Löhne gezahlt.

Sibirien ist reich an Bodenschätzen, die seit dem 20. Jahrhundert systematisch erschlossen werden. Die wichtigsten sind: Erdgas, Erdöl, Kohle, Eisenerz, Gold, Diamanten und Uran.

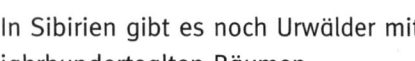

In Sibirien gibt es noch Urwälder mit jahrhundertealten Bäumen.

Zellstoff- und Papierfabriken verunreinigen die Flüsse mit ihren Abwässern. Auch am Baikalsee wurde 1964 eine Papierfabrik gebaut. Durch die Abwässer, die die Fabrik in den See leitete, verschlechterte sich die Trinkwasserqualität. Zum Schutz der Umwelt soll diese Fabrik nun zur Möbelfabrik umgewandelt werden, wodurch die Abwassermenge sinkt.

Norilsk ist die nördlichste Großstadt der Welt und zählt dank des weltweit größten Nickelproduzenten zu den reichsten Städten Russlands. Hier bekommen die Menschen deutlich höhere Löhne als sonst üblich.

Die industrielle Produktion wir oft zulasten der Natur gesteigert. Durch Missachtung von Gesetzen und Vorschriften kam es zu Atomunfällen. Auch Atomtests und das Versenken radioaktiver Abfälle im Meer belasten die Umwelt und die Menschen.

Der Aralsee schrumpft. Das Ufer ist mittlerweile weit von den ehemaligen Fischerstädten entfernt.

Die Flüsse zum Aralsee führen wenig Wasser und sind verseucht. Für die umherziehenden Völker ist es kaum noch möglich, sauberes Trinkwasser zu finden. Viele Menschen leiden unter Krankheiten. Besonders häufig kommt es hier auch zu Fehlgeburten.

NORDASIEN – EINE REISE DURCH RUSSLAND
SPIELKARTEN

Firmen aus Japan zahlen viel Geld für das feste Holz aus der Taiga.	Die Menschen in Russland leiden oft an Versorgungsengpässen, da die eigene Landwirtschaft nicht in der Lage ist, Ernteausfälle auszugleichen. Vor allem bei der Versorgung abgelegener Landesteile gibt es häufig Probleme. 
Norilsk wird manchmal als der giftigste Ort der Erde bezeichnet. Hier wird Nickel produziert. Aus den Hütten und Kraftwerken gelangen Millionen Tonnen Schwefeldioxid in die Luft. Bei Regen geht Schwefelsäure nieder. Vom früheren gesunden Nadelwald sind nur noch Baumruinen übrig geblieben.	Über 4 500 km lange Pipelines transportieren Erdgas auch nach Deutschland. 
Der Reichtum in einer Stadt wie Norilsk zieht Kriminelle aus dem Ausland an. Der Drogenhandel blüht. Deshalb dürfen nach einer Verordnung des Bürgermeisters seit 2001 nur noch Russen und Weißrussen die Stadt betreten.	Im „Eisschrank" Sibirien lagern nicht nur viele Bodenschätze. Hier findet man z. B. auch die größten Holzvorkommen der Erde. 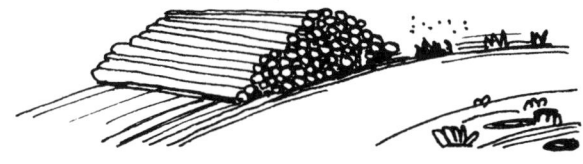
Der Aralsee war einmal der viertgrößte See der Welt. Durch den Anbau von immer mehr Baumwolle und Reis wurde immer mehr Wasser verbraucht. Seit 1960 hat der Aralsee 80 % seines Wassers verloren. Alle 24 Fischarten, die es dort gab, sind ausgestorben.	Die Wartung der Pipelines ist aufwändig, oft gelingt es nicht, Ersatzteile zu beschaffen. Häufig kommt es deshalb zu Lecks an den Pipelines und der Boden wird vom auslaufenden Erdöl verseucht. 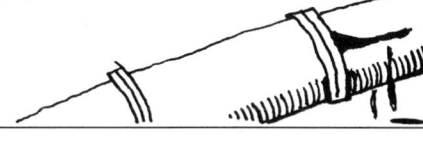
Am Aralsee gibt es häufig Sandstürme, die Tonnen von Chemikalien aus Düngern und Pflanzenschutzmitteln aufwirbeln.	In Sibirien werden Wälder oft großflächig abgeholzt. Dabei vernichten die schweren Fahrzeuge auch die Bodenpflanzen. An den Hängen wird der Boden weggeschwemmt. Auch der Braunkohleabbau führt zum großflächigen Landschaftsverbrauch.

SÜDOSTASIEN-TRIP – SPIELPLAN

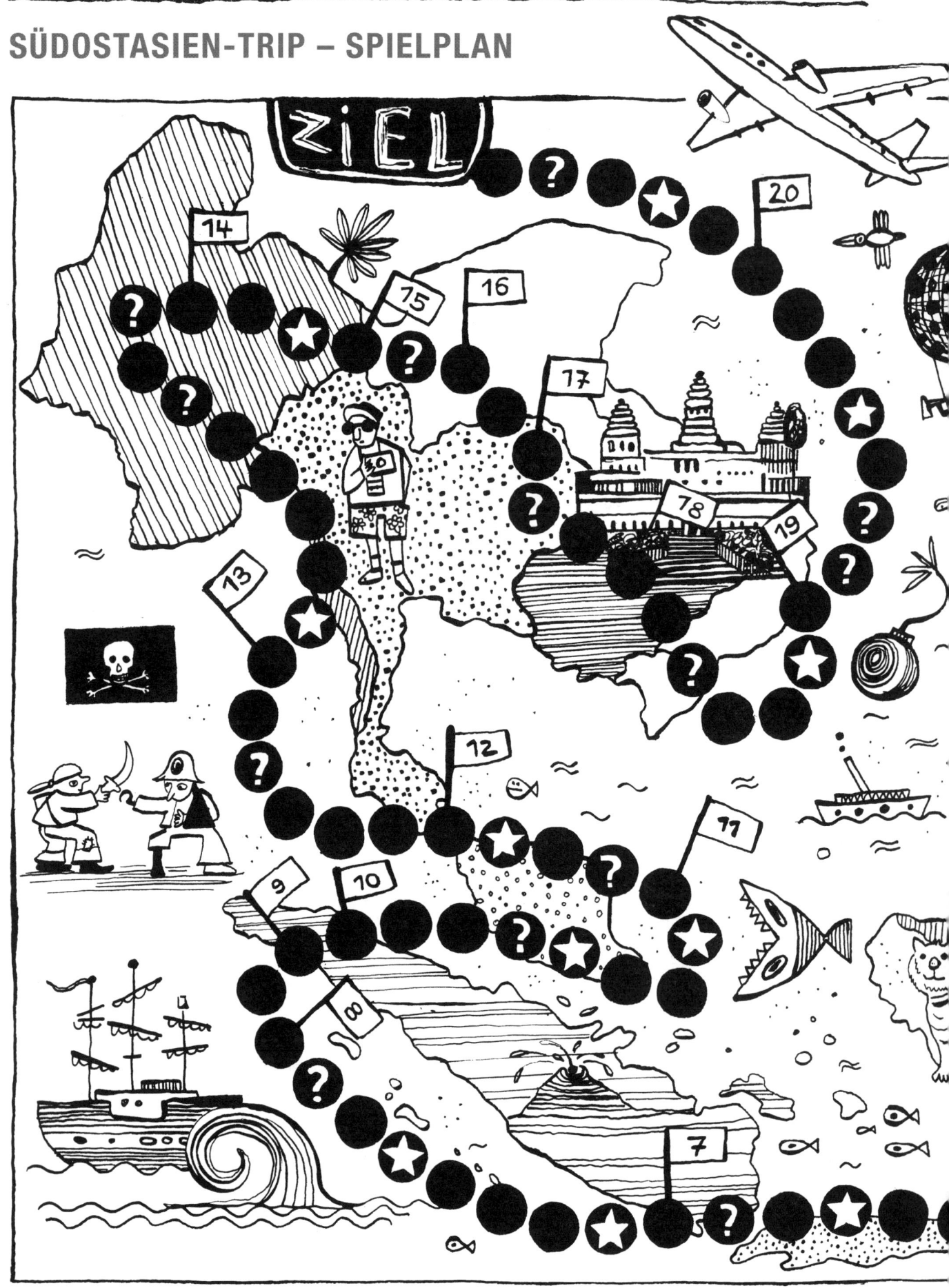

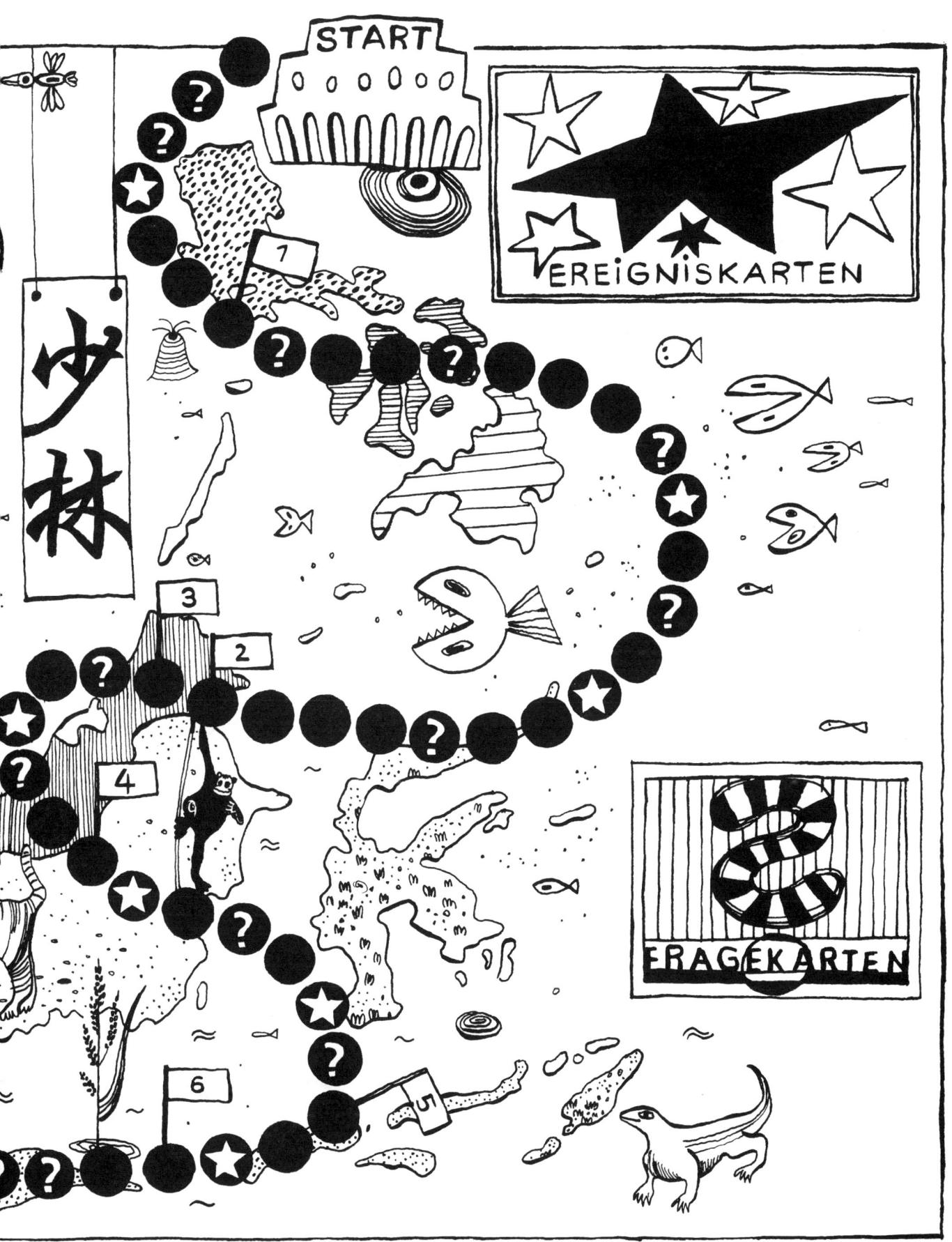

START

EREIGNISKARTEN

FRAGEKARTEN

少林

SÜDOSTASIEN-TRIP

Würfelspiel für 3 bis 4 Spieler

Material

Würfel, Spielfiguren, Spielplan, Ereigniskarten, Fragekarten, Atlaskarte, Südostasien

Spielanleitung

▷ Ihr wollt auf eine Reise quer durch Südostasien gehen. Ab in den Flieger und los geht es. Stellt die Spielfiguren auf das Startfeld. Legt die Ereigniskarten sowie die Fragekarten verdeckt auf einen Stapel in die entsprechenden Kästen auf dem Spielplan.

▷ Damit ein Spieler seine spannende Reise antreten darf, muss er eine 6 würfeln. Dann geht's los.

▷ Bei einer 6 darf noch einmal gewürfelt werden.

▷ Kommt ein Spieler auf ein Feld mit einem Fragezeichen ❓, zieht ein Mitspieler für ihn eine Fragekarte und liest ihm die Frage vor.

    a) Ist es eine Atlasfrage, so darf der Spieler zur Beantwortung den Atlas verwenden. Setzt dabei ein Zeitlimit, z. B. 2 Minuten, in dem die Frage beantwortet werden muss.

    b) Ist es eine Quizfrage, muss die Lösung ohne Hilfe gefunden werden.

▷ Beantwortet der Spieler die Frage richtig, darf er noch einmal würfeln, sonst ist der nächste Spieler an der Reihe.

▷ Kommt ein Spieler auf ein Feld mit einem Stern ⭐, zieht er eine Ereigniskarte und liest sie seinen Mitspielern vor. Er muss das tun, was auf der Ereigniskarte steht und seinen Platz entsprechend wechseln 🚩.

▷ Gewonnen hat, wer als Erster ins Ziel kommt.

SÜDOSTASIEN-TRIP – EREIGNISKARTEN

Der Mekong ist einer der bedeutendsten Wasserstraßen Südostasiens. Er entspringt in Tibet und mündet in Vietnam ins Meer. In ihm leben 1 300 Fischarten, darunter auch der größte Süßwasserfisch der Erde – der Mekong-Riesenwels. Er kann bis zu 300 kg schwer und 3 m lang werden.

**Gehe zu Feld 16 und
würfle gleich noch einmal.**

„Thai" ist die Sprache Thailands. Es besteht aus einem eigenen Zeichensystem mit 44 Konsonanten und 16 einfachen Vokalen. Auf Thai heißt Bangkok Krung Thep Mahanakhon กรุงเทพมหานคร. Du willst die Sprache lernen und machst einen Sprachkurs.

Gehe zu Feld 17 und würfle noch einmal.

Am 26. 12. 2004 überschwemmte eine Flutwelle (Tsunami) nach einem Seebeben viele asiatische Länder. Am schlimmsten betroffen waren Thailand, Sri Lanka, Indien und Indonesien. Insgesamt starben 231 000 Menschen.

Gehe zu Feld 8 und setze 1-mal aus.

Auf der Insel Borneo besuchst du eine Auswilderungsstation für Orang-Utans. Liebevoll kümmern sich Pfleger um die jungen Menschenaffen. Die putzigen Jungtiere faszinieren dich. Du bleibst ein paar Tage und hilfst mit.

Rücke zu Nr. 2 und würfle gleich noch mal.

Mit 4 095 m ist der Mount Kinabalu auf Borneo der höchste Berg Südostasiens. Er liegt in der Provinz Sabah, die zu Malaysia gehört. Auch wenn er inmitten von Regenwald liegt, können die Temperaturen nachts unter den Gefrierpunkt fallen. Der Aufstieg dauert zwei Tage.

Gehe zu Feld 3 und setze 2-mal aus.

Im Juni 1991 bricht auf der philippinischen Insel Luzon der Vulkan Pinatubo aus. Obwohl es eine der heftigsten Eruptionen des 20. Jahrhunderts war, konnten durch rechtzeitige Vorwarnung Tausende evakuiert werden. Dennoch starben über 800 Menschen. Durch die Aschewolken fiel die Temperatur weltweit um 0,5 °C.

Gehe zu Feld 1 und wähle einen Mitspieler

Am 27. August 1883 bricht vor der indonesischen Küste der Vulkan Krakatau aus. Unmengen Asche und Gestein wurden bis 80 km hoch in die Atmosphäre geschleudert. Es wurden Kräfte frei, die der Energie von bis zu 100 000 Atombomben entsprachen. Es war der heftigste Ausbruch der Neuzeit, der bis zu 40 m hohe Flutwellen nach sich zog, die selbst in Europa noch messbar waren.

Gehe zu Feld 7.

Auf den indonesischen Inseln Komodo und Flores lebt die größte Echsenart der Welt – der Komodowaran. Er wird bis zu 3 m lang, ist ein guter Kletterer und Schwimmer. Er ernährt sich von Aas. Zu seinem Schutz wurde 1980 der Komodo-Nationalpark gegründet. Du besuchst diese Drachen.

**Gehe zu Feld 21 und setze mit einem
Mitspieler deiner Wahl 1-mal aus.**

In Südostasien ist der Tiger heimisch. Die größten Raubkatzen der Erde leben im Wald. Durch die fortschreitende Vernichtung der Regenwälder sind sie, wie auch viele andere Tierarten, vom Aussterben bedroht. Zeit, etwas zu unternehmen!

Gehe zu Feld 10 und würfle noch einmal.

Der Vietnamkrieg ist der letzte Abschnitt eines 1946 beginnenden dreißigjährigen Konflikts innerhalb des Landes. Durch das Eingreifen der USA spitzte sich der Bürgerkrieg zu. Der Krieg endete am 30 April 1975. Er kostete mehrere Millionen Menschen das Leben. Du besuchst die Schächte des Vietcongs und willst schnell wieder raus.

Gehe zu Feld 19.

SÜDOSTASIEN-TRIP – EREIGNISKARTEN

Die Republik Singapur liegt auf einer Insel und ist der kleinste Staat Südostasiens. Ausnahmsweise darfst du mal ein einem Singapur-Sling, einem Cocktail mit Gin und Kirschlikör, nippen. Das haut dich um.

Gehe zu Feld 11 und setze 2-mal aus.

Auch heute noch gibt es Piraten. Insbesondere vor der Küste Malaysias, Indonesiens sowie in der Straße von Malakka und im südchinesischen Meer finden Angriffe statt. Meist werden Besatzungsmitglieder gekidnappt oder ganze Schiffe entführt, um hohe Lösegeldforderungen stellen zu können. Nix wie weg!

Gehe zu Feld 9 und würfle noch einmal.

Der Angkor Wat ist die größte Tempelanlage der Welt. Sie liegt in der Region Ankor in Kambodscha. Erbaut wurden der Tempelkomplex von den Khmer – das Staatsvolk Kambodschas. Du bist von der Größe der Anlage beeindruckt.

Gehe zu Feld 18 und setzte 1-mal aus.

Das Grenzland zwischen Thailand, Laos und Myanmar bezeichnet man als Goldenes Dreieck. Hier mündet ein kleiner Fluss in den mächtigen Mekong. Es wird oft mit Opiumanbau und Drogenhandel in Verbindung gebracht. Die Landschaft hier ist traumhaft. Du bleibst einige Tage.

Gehe zu Feld 15 und setzte mit einem Mitspieler 1-mal aus.

Myanmar, das frühere Birma, fasziniert mit seiner Landschaft und seiner Kultur. Leider wird es von einem Militärregime regiert und daher von vielen Staaten mit Handelsembargos belegt. Es ist schwierig, im Land Urlaub zu machen. Die Devisen kommen selten der Bevölkerung zugute, sondern unterstützen das Regime.

Gehe zu Feld 14 und ziehe eine weitere Ereigniskarte.

Der Tourismus hat Thailands Inselwelt rund um Phuket und Koh Samui fest in seiner Hand. Bilderbuchstrände und Luxusresorts locken Touristen aus aller Welt an. Auch die Filmindustrie nutzt die tolle Kulisse. Der Film „The Beach" spielt auf Phi Phi Le und Szenen aus einem James-Bond-Film wurden in der Phang-Nga-Bucht gedreht.

Gehe zu Feld 12 und ziehe eine Fragekarte.

Die Bucht von Halong ist seit 1994 UNESCO-Weltnaturerbe. In dem $1500\,km^2$ großen Gebiet vor der Küste Nordvietnams ragen knapp 2000 meist unbewohnte Inseln und Kalkfelsen aus dem türkisfarbenen Wasser. Die Menschen hier leben vom Fischfang und der Austernzucht, immer mehr auch vom Tourismus.

Gehe zu Feld 20 und würfle noch einmal.

Der Buddhismus ist eine der großen Weltreligionen und neben dem Islam in Südostasien weit verbreitet. Während der Islam hauptsächlich in Indonesien vorzufinden ist, findet man den Buddhismus in fast allen Festlandstaaten. Auf den Philippinen leben in erster Linie Christen.

Gehe zu Feld 13 und bestimme einen Mitspieler, der noch mal würfelt.

Borneo ist die drittgrößte Insel der Erde. Auf ihr befinden sich der Staat Brunei sowie Provinzen von Malaysia und Indonesien. Der Großteil der Insel ist mit Urwald bedeckt und beherbergt eine Vielzahl von tropischen Tieren. Ein schützenswertes Paradies.

Gehe zu Feld 15.

Der Reisanbau findet in Südostasien vor allem auf Bali, in Vietnam und Kambodscha statt. Die Pflanze wird oft im Nassfeldbau terrassenförmig angebaut. Das Korn besteht zu fast 80% aus Stärke. Der Rest setzt sich aus Eiweiß, Fett, Mineralstoffen und Spurenelementen zusammen.

Gehe zu Feld 6 und ziehe eine Fragekarte.

SÜDOSTASIEN-TRIP – ALTASFRAGEN

Atlasfrage Wie heißt der Fluss, der über weite Teile die natürliche Grenze zwischen Kambodscha und Thailand bildet? **Mekong**	**Atlasfrage** Wie hieß die vietnamesische Stadt Ho-Chi-Minh-Stadt früher? **Saigon**	**Atlasfrage** Wie heißen die beiden zu Indien gehörenden Inselgruppen vor der Küste Myanmars? **Andamanen und Nikobaren**
Atlasfrage Wie heißt die Hauptstadt Malaysias? **Kuala Lumpur**	**Atlasfrage** Wie heißt die Hauptstadt von Laos? **Vientiane**	**Atlasfrage** Wie heißt die Halbinsel, auf der Teile von Thailand und Malaysia liegen? **Malakka**
Atlasfrage Welche Länder grenzen an Kambodscha? **Thailand, Vietnam, Laos**	**Atlasfrage** Indonesien ist der weltgrößte Inselstaat. Welches ist die größte Insel, die ganz zu Indonesien gehört? **Sumatra**	**Atlasfrage** Wie heißt die große zu China gehörende Insel vor der Ostküste Vietnams? **Hainan**
Atlasfrage Zu welchem Land gehören die Kleinen Sundainseln? **Indonesien**	**Atlasfrage** Wie heißt der höchste Berg der Insel Borneo? **Mount Kinabalu**	**Atlasfrage** Welches Gewässer liegt zwischen den Philippinen, China und Vietnam? **Südchinesisches Meer**
Atlasfrage Wie heißt die Hauptstadt des kleinen Staates Brunei? **Bandar Seri Begawan**	**Atlasfrage** Welche beiden „farbigen" Flüsse fließen nordwestlich von Hanoi zusammen? **Roter Fluss und Schwarzer Fluss**	**Atlasfrage** Wie heißt die Meerenge zwischen Sumatra und Java? **Sundastraße**

SÜDOSTASIEN-TRIP – QUIZFRAGEN

Quizfrage	Quizfrage	Quizfrage
Welche Insel gehört nicht zu Indonesien? a) Bali b) **Phuket** c) Java	Welcher Vulkan liegt in Südostasien? a) **Krakatau** b) Stromboli c) Cotopaxi	Welche thailändische Insel liegt im Golf von Thailand? a) Phuket b) **Koh Samui** c) Koh Lanta
Quizfrage	Quizfrage	Quizfrage
Wie heißt der Stadtstaat an der Spitze der malayischen Halbinsel? a) Kuala Lumpur b) Brunei c) **Singapur**	Wie heißt die Hauptstadt der Philippinen? a) Phnom Penh b) Davao c) **Manila**	Welches Land ist nicht Nachbarland von Indonesien? a) **Laos** b) Australien c) Philippinen
Quizfrage	Quizfrage	Quizfrage
Welches Land ist nicht Nachbarland Myanmars? a) Thailand b) **Malaysia** c) Laos	Welche Stadt liegt nicht in Thailand? a) Bangkok b) Chiang Mai c) **Tavoy**	Welches ist die Hauptstadt Thailands? a) **Bangkok** b) Hanoi c) Medan
Quizfrage	Quizfrage	Quizfrage
Welches Land ist das Größte? a) Thailand b) **Indonesien** c) Vietnam	Welches Land ist Nachbarland Vietnams? a) Thailand b) **China** c) Myanmar	Welcher Fluss fließt durch Myanmar? a) **Irawadi** b) Mekong c) Jangtsekiang
Quizfrage	Quizfrage	
Wie heißt Thailand früher? a) Birma b) Saigon c) **Siam**	Auf welcher Insel liegt Indonesiens Hauptstadt Jakarta? a) **Java** b) Bali c) Sumatra	

SÜDASIEN: INDIEN – EIN LAND VOLLER GEGENSÄTZE

▪ Lies zunächst die Texte aufmerksam durch.

▪ Suche dir dann einen Partner, mit dem du Memory spielst.

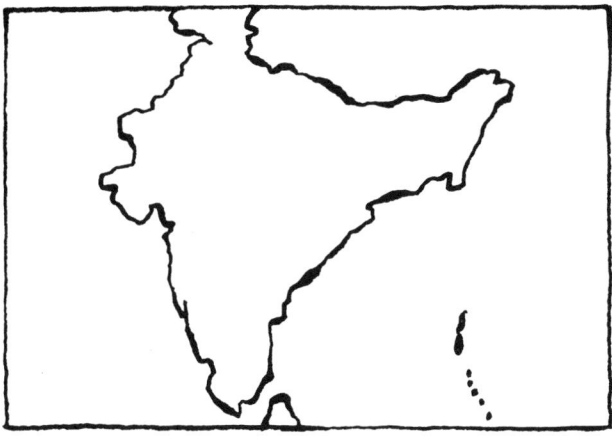

Geografische Vielfalt

Indien ist nach China das bevölkerungsreichste Land der Welt. Dort leben etwa 1,1 Milliarden Menschen. Mit mehr als 3,2 Mrd. Quadratkilometern Fläche ist es das siebtgrößte Land der Erde. Indien ist deshalb ein sehr abwechslungsreiches Land: Der Himalaya mit seinen imposanten, schneebedeckten Gipfeln steht im Gegensatz zu tropischen Sandstränden im Süden. Trockene Sandwüsten finden sich hier ebenso wie immergrüne Feuchtwälder.

Sprachen und Religionen

Die Buntheit Indiens spiegelt sich auch in den Sprachen und Religionen wider. Neben den beiden Amtssprachen Hindi und Englisch sind mehr als 20 Sprachen als Nationalsprachen anerkannt. Hinzu kommen noch über 100 kleinere Sprachen.

Auch die religiöse Vielfalt Indiens ist beachtlich: Nahezu alle Religionen sind hier vertreten. Die Farben Rot und Grün der indischen Flagge stehen für den Hinduismus und den Islam, die beiden Religionen mit den meisten Anhängern (82 % und 12 %). Die weiße Farbe bedeutet Vereinigung.

SÜDASIEN: INDIEN – EIN LAND VOLLER GEGENSÄTZE

Armut und Reichtum

In Indien gibt es eine extreme materielle Ungleichheit. In den großen Städten wie Mumbai (früher Bombay) oder Kolkata (früher Kalkutta) leben Millionen von Menschen auf der Straße oder in Slums. Daneben gibt es in denselben Städten unermesslichen Reichtum.

Wirtschaft

An Indiens Hochschulen werden hochqualifizierte Fachkräfte ausgebildet, die das Land in den letzten Jahren zu einem konkurrenzfähigen Anbieter von Informationstechnologie gemacht haben. Trotzdem ist Indien landwirtschaftlich geprägt und es herrscht oft noch altertümliche Feldarbeit vor. Auch die Analphabetenrate ist mit 25 % recht hoch.

Kastenwesen

Eine Besonderheit Indiens ist das Kastenwesen, eine soziale Struktur des Hinduismus. Mit der Geburt wird die Zugehörigkeit zu einer bestimmten Gesellschaftsschicht, einer Kaste, festgelegt. Diese entscheidet über das Ansehen und den Beruf des Menschen, auch Eheschließungen dürfen nur innerhalb einer Kaste erfolgen. Es ist nicht möglich, die Kaste zu wechseln. Ausschlaggebend für die Einteilung ist das Karma (die guten oder schlechten Taten sowie seine positive oder negative Ausstrahlung und sein Einfluss) eines Menschen in seinem vorherigen Leben. Die höchste Kaste ist die der hinduistischen Gelehrten und Priester. Dann folgt die Kaste der Krieger und Beamten. Darunter kommen die Händler und Bauern. Die niedrigste Kaste ist die der Knechte und Diener. Daneben gibt es aber noch die Unberührbaren, die zu keiner Kaste gehören. Sie müssen niedrige Arbeiten annehmen, dürfen die Tempel nicht betreten und andere Menschen nicht berühren. Oft sind sie Bettler.

SÜDASIEN: INDIEN – EIN LAND VOLLER GEGENSÄTZE 1

Hauptstadt Neu-Delhi	Flagge	Sprachenvielfalt
Religionenvielfalt	Gebirgszüge	Tropische Sandstrände
Trockene Sandwüsten	Regenreiche Gebiete	82 % Hindus
12 % Muslime	Heilige Tiere: Kühe	Heiliger Fluss: Ganges

SÜDASIEN: INDIEN – EIN LAND VOLLER GEGENSÄTZE 2

Kastensystem

Unberührbare: Außenseiter der Gesellschaft

Analphabetismus

Hervorragend ausgebildete Ingenieure

Reichtum

Armut

Hochtechnologie

Feldbau wie vor Jahrhunderten

Krisen

Kinderarbeit

OSTASIEN BOOMT

■ Lies die Infotexte mehrmals durch und bearbeite das Arbeitsblatt mithilfe eines Fremdwörterlexikons.

Ostasien ist die Heimat der Industrieriesen Japan, China und Südkorea. Japan, China und Südkorea sind heute weltweit führende Hersteller elektronischer Artikel wie Handys und Unterhaltungselektronik.

Japan ist schon lange eine der bedeutendsten Industrienationen und zurzeit der führende Automobilhersteller der Welt. Nach einer Krise befindet sich Japan wieder auf einem stetigen Wachstumskurs. Das Land verfügt über wenig natürliche Ressourcen. Deshalb muss es die Rohstoffe für seine hochwertigen Erzeugnisse importieren. Die japanische Wirtschaft ist vom Export abhängig. Einen Großteil des Erfolges verdankt Japan der Forschung und der Qualität seiner Waren. Japans Stärke liegt in der traditionell ausgeprägten Arbeitsdisziplin seiner Bevölkerung, der Beherrschung von Hochtechnologie, der Qualität der Ausbildung und der Automatisierung von Produktionsprozessen. Probleme, die Japan künftig bewältigen muss, um seine Wirtschaft stabil zu halten, sind u. a. die steigende Zahl der Arbeitslosigkeit, der Bevölkerungsrückgang und die zunehmende Überalterung der Gesellschaft.

Die rasanteste wirtschaftliche Entwicklung zeigt China. Das Land belegt mittlerweile den dritten Platz der größten Handelsnationen und boomt weiter. Damit ist China in den letzten Jahren eine ernstzunehmende Größe in der Weltwirtschaft und neben Japan die entscheidende Wirtschaftsmacht in der Region geworden. Für ausländische Investoren ist China inzwischen das weltweit attraktivste Land nach den USA. Die größte Stadt Chinas, Shanghai, ist Standort vieler internationaler Konzerne und gleichzeitig Sitz der chinesischen Hauptbörse. Die wichtigsten Exportgüter Chinas sind Maschinen, elektronische Produkte sowie Textilien. Trotzdem hat das riesige Land weiterhin große Probleme, denn der wirtschaftliche Aufschwung konzentriert sich hauptsächlich auf die attraktiveren Küstenregionen. Andere Provinzen und vor allem die ländliche Bevölkerung werden zu Reformverlierern. Die Schere zwischen Arm und Reich klafft immer weiter auseinander. Deshalb ist es für die Regierung wichtig, soziale Faktoren nicht außer Acht zu lassen und in diese Regionen zu investieren.

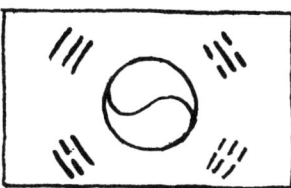

Das rasante Wachstum in Südkorea lockte viele multinationale Unternehmen an. Das Interesse der Firmen ging aufgrund der steigenden Attraktivität Chinas zwar etwas zurück, trotzdem entstanden an vielen Orten Städte, an denen High-Tech-Produkte hergestellt werden und die viele Menschen aus ländlichen Gegenden anziehen. Südkorea setzt bei seiner Produktion auf qualitativ hochwertige, aber preisgünstige Exportgüter. Südkorea belegt mit einem Anteil von 27 % an der Weltproduktion den zweiten Platz im Schiffbau. Koreanische Autos fahren auch auf Deutschlands Straßen.

OSTASIEN BOOMT – ARBEITSBLATT

▨ Schlage die Bedeutung der Begriffe im Fremdwörterlexikon nach und schreibe die Bedeutung auf. Trage die Zeilennummer in die Klammer ein.

Investoren (Zeile _____): _____

Export (Zeile _____): _____

Reform (Zeile _____): _____

Attraktivität (Zeile _____): _____

Ressourcen (Zeile _____): _____

multinational (Zeile _____): _____

Faktoren (Zeile _____): _____

boomt (Zeile _____): _____

▨ Kreuze die für die Wörter passenden Erklärungen an.
Trage die Zeilennummer in die Klammer ein.

Problem (Zeile _____):	☐ Aufgabe	☐ Anforderung	☐ Schwierigkeit
Schere (Zeile _____):	☐ Unterschied	☐ Schneidewerkzeug	☐ Lücke
rasant (Zeile _____):	☐ gewaltig	☐ rasch	☐ schnell
Produkt (Zeile _____):	☐ Sache	☐ Erzeugnis	☐ Gegenstand
Qualität (Zeile _____):	☐ Güte	☐ Wert	☐ Anzahl
bewältigen (Zeile _____):	☐ überwinden	☐ lösen	☐ bearbeiten
steigend (Zeile _____):	☐ vermehrt	☐ wachsend	☐ zunehmend
anziehen (Zeile _____):	☐ anlocken	☐ bekleiden	☐ bestellen